모나미
153
연대기

< 차례 >

볼펜을 돌리며

나는 사물에 대해 얘기하기를 좋아한다. 그러나 긴 수다가 끝나고 나면 그것이 전혀 사물에 대한 얘기가 아니었음을 깨닫는다. 사물은 결코 사물로서 온전히 머무르는 법이 없다.

<모나미 153 연대기>는 모나미 볼펜에 관해 수집한 여러 가지 정보에 픽션을 뒤섞어 책으로 엮은 것이다. 그러니까 이 이야기는 사실에 기반한 허구이기도 하고 허구가 불러낸 사실이기도 한 것이다. 정보 유통이 투명하지 않았던 1960-80년대 권위주의 시대의 축적된 이야기는 1990년대에 중등교육을 받은 나와 같은 세대에게는 영원히 되풀이되는 일종의 구전동화일 수 있다. 그 속에서 발견되는 일련의 이미지들이 코에 걸면 코걸이 귀에 걸면 귀걸이 식으로 모나미 볼펜과 만난다. 그 결과, 과장과 생략과 인용과 거짓말로 구성된 너스레의 조각들을 이루었다.

이야기라는 것이 어차피 허구성을 띠는 것이라면 이야기를 되풀이하고 있는 우리의 역할도 허구적일 수밖에 없다. 따라서 나는 신중한 과학자로서가 아니라 뻔뻔한 편집자로서 텍스트와 이미지를 다룬다. 결국 작업의 한 축을 이루면서 끈질기게 나를 따라다니는 것은, 쓴다는 행위의 의미에 대한 질문이다.

이 책의 원고를 처음 완성한 것은 2009년이었다. 아이디어의 시작은 '볼펜 한 자루만 가지고도 하고 싶은 이야기를 다 엮어 쓸 수 있지 않을까?'라는 다소 건방진 생각이었다. 처음에는 직접 소량 제본해서 책의 꼴만 갖추었다가, 이듬해 미디어버스에서 1쇄를 찍으며 정식 출간을 했다. 독립출판 시장이 지금처럼 확장되지 않은 시절이었음에도 불구하고 기대를 넘어서는 사랑을 받았던 것 같다. 책이 품절된 이후, 개정판을 쓰고 싶은 생각이 늘 있었지만 개인적인 사정이 꼬리에 꼬리를 물어 하염없이 일을 유예하다 보니 어느새 9년의 시간이 흘렀다.

9년 동안 많은 것이 변했다. 그때는 이런 책을 취급하는 책방 자체가 흔치 않았는데, 지금은 젊은 사람들이 모이는 곳이라면 어느 골목에 가든 소규모책방을 만날 수 있을 정도다. 수많은 창작자들이 직접 출판물을 펴내고 있고, 장르와 규격과 정체가 애매한 책도 더 이상 희귀한 아이템이 아니다.

책이라는 사물을 보는 시선의 변화만큼이나 문구용품을 향한 시선의 변화도 감지할 수가 있었다. 책을 쓴 이듬해인 2010년, ㈜모나미는 창립 50주년을 맞이하면서 태국에 신축 공장을 지어 올렸다. 이후 몇 차례에 걸쳐 고급 필기구 라인도 런칭했다. 국민볼펜으로 불리던 모나미 153 볼펜은 깜짝 놀랄 법한 숫자가 적힌 가격표를 달고 블랙 에디션, 실버 에디션으로 등장해 문구 매니아들의 소장욕을 자극했다.

2010년대 들어 피처폰의 시대가 저물고 본격적인 스마트폰의 시대가 열렸다는 점도 복기하지 않을 수 없다. 스마트폰은 읽고 쓰는 시대에서 보고 전송하는 시대로 우리의 존재를 가볍게 옮겨다 놓았다. 세상의 모든 이야기에 접속 가능한 시대가 된 것이다. 이전 시대 인간의 내면을 잠식하던 불확실한 말들과 이미지들은 이제 정보의 일종이 되어 우리 주변을 떠돌고 있다.

책의 어디를 손볼까 고민하며 하릴없이 시간을 흘려보내는 동안에, 한국 사회를 놀라게 한 사건이 여럿 있었다. 천안함이 침몰했고, 북한에서는 김정일이 죽었다. 한국의 인구는 5천만 명을 돌파했고, 한 대통령은 그 국민들에 의해 쫓겨났다. 그리고 언제나 그렇듯이, 몇 개의 의혹과 스캔들과 유행과 코메디와 잊을 수 없는 재난사고들이 있었다.

뉴스를 볼 때면 모나미의 연대기로 편입시키고 싶은 사건들이 눈에 띄곤 했다. 그러나 내용을 너무 확장하고 싶지는 않았다. 60-80년대의 시대적 기운과 그것이 우리의 근과거에 남긴 유산에 관해 쓴다는 기존의 기획을 넘어서는 일은 피하고자 했다. 다만 사실관계상 시점의 갱신이 필요한 대목은 고쳐 썼다.

건방진 포부를 가졌던 9년 전의 내게는 미안한 말이지만, 겨우 볼펜 한 자루가 한국 사회의 복잡다단한 면면을 열어젖히는 만능키일 수는 없다. 아마도 이 책에서 진짜 읽을거리는 연대기가 품고 있는 수많은 구멍들일 것이다. 그 속에서 과거의 어떤 시간들이 현재와 이따금 맞닿을 수 있기를 바라며 이 책을 다시 펴낸다.

I. 3월의 별들

1964년 3월 20일, 발코니에 앉아 거리를 내다보던 김찬귀 씨는 한참 만에 입을 열고 떨리는 목소리로 말했다.

"주사위는 던져졌다."

그러고는 곧장 무릎에 놓인 편지를 찢어버렸다. 편지는 광신화학공업사에서 보내온 인수합병 제안서였다. 김찬귀 씨는 며칠 전부터, 밤낮으로, 과연 왕자화학공업사를 지켜낼 수 있을까 자문해보았다.

'여기서 끝이란 말인가? 왕자볼펜의 운명은.'

로마의 영웅 카이사르가 루비콘 강을 건너면서 "가자, 신이 기다리는 곳으로. 주사위는 이미 던져졌다." 라고 외친 것은 전쟁에서 승리할 것을 예감하고 있기 때문이었다.

그러나 불행히도 왕자화학공업사에는 아무런 예감의 기운도 남아 있지 않은 듯했다. 예감으로 충만하지 않은 예감은 빗나가는 일이 없다. 왕자화학공업사는 합병을 거절한 지 일주일도 지나지 않아 부도를 맞았다. 합병만 했더라면, 내키지 않는 듯한 표정으로나마 서류 한 장에 사인만 해버렸더라면, 많은 것들이 달라졌을 것이다. 몇 년 뒤 눈부신 실적을 거두면서 모나미화학공업사로 이름을 바꾸게 될 한 문구업체의 일원으로 살아남아, 필기구의 역사에 기록되었을 것이다. 그 안에서 잘 만 하면 왕자볼펜의 명맥을 어떤 식으로든 이어가 볼 수도 있었을 것이다. 그러나 그는 불투명한 미래로부터 손짓하는 희망을 붙잡는 대신 깨끗하게 포기하는 쪽을 택했다.

김찬귀 씨는 7년 전 그맘때를 생각했다.

그는 국내 최초로 볼펜 잉크 개발에 성공한 사람이었다. 제대로 된 볼펜이라는 것이 존재하지도 않던 시절이었다.

특허 출원을 신청하기 위해 부산에서 밤기차를 타고 서울에 올라온 날, 이슬이 내린 새벽길을 걸으며 한껏 멜랑콜리해진 김찬귀 씨는 조용히 이국의 시를 읊조렸다.

> 뒤를 돌아보는 욕망들이 죽는 것을 보면서
> 그 누가 과연 소생할 수 있을 것인가?
> 아 모든 것이 놀란다 - 저마다의 사물들에
> 저마다의 탄생에 그리고 저마다의 죽음에.
> 나는 안다, 모든 일이 다 일어난다는 것을, 합일의
> 순간은 기다리는 것이 아니라 획득하는 것임을.
> 하여, 밤이 내리면 기다려야 하는 것은
> 새벽일지니.

잃는 것이 있으면 얻는 것도 있다고 현자들은 말한다.

김찬귀 씨의 경우, 3년 동안의 사업은 종지부를 찍었지만 그 세월에서 얻은 것이 있다면 그것은 잊을 수 없는 첫사랑의 기억이다.

1961년 왕자볼펜 출시 후
첫 광고모델로 활동한 탤런트 정윤희 씨

김찬귀 씨는 모든 것이 과거가 될 뿐이라는 사실이 두려웠다. 그러나 그는 알고 있었다. 역사적 약자에게 최후의 무기는 기억이라는 사실을.

1964년 3월 26일 김찬귀 씨는 왕자화학공업사의 문을 닫았다.

밤하늘은 이름 없는 별로 가득했다.

그리하여, 왕자볼펜의 짧은 생애는 기록으로 남아 있지 않다. 국내 최초 볼펜의 역사는, 다시 쓰여져야만 했다. 모나미 153 볼펜의 기나긴 이야기는 여기서부터 시작된다.

II. 거래

1962년 5월 16일
제1회 국제산업박람회 현장

발견

서울 하늘은 화창하기 그지없었다. 보이는 모든 것이 맑고, 가볍고, 조금씩 들떠 있었다. 당시 만 34세로 광신화학공업사의 사장인 송삼석 씨는 아까부터 오른쪽 문구 업체 부스를 뚫어지게 쳐다보고 있었다. 안내 데스크에서 우치다요코사의 직원이 보고서를 쓰고 있었는데, 그의 손에 난생 처음 보는 하얀색 막대기가 들려 있었던 것이다. 기막히게 아름다운 사물이었다. 송삼석 씨는 그 사물에 단번에 매료되었다.

"그것이 무엇에 쓰는 물건입니까?"
(それは何に使う品物ですか?)

송삼석 씨는 조심스레 물었다. 조심성이야말로 낯선 사물에 접근하는 최고의 방법이었다.

"ボールペンと言う品物です。筆記具の革命といえますね。"
(보루펜이라 하는 물건입니다. 필기구의 혁명이라 할 수 있지요.)

우치다요코사의 직원이 친절하게 대답해 주었다. 그는 검지로 안경을 올리면서, 창백한 웃음을 지어 보였다.

혁명

그는 혁명이라는 단어를 발음할 때 어쩐지 조금 어색해하는 것 같았다. 지금껏 그 단어를 발음해 본 것이 수백 번은 되고도 남을 일이지만, 그걸 발음할 때면 늘, 아니 갈수록 점점 더 어색하게 느껴지는 것이다.

그는 처음 보는 한국인 중소기업 사장에게 그따위 말을 한 것을 금세 후회하기 시작했다. 도대체 어쩌자고 그런 말을 또 내뱉었을까. '새로 나온 필기구지요.' 혹은 '최첨단 필기구입니다.'라고만 해도 되었을 것을.

그가 태어나고 자란 고향 도호쿠에서는 아무도 혁명 같은 단어를 쓰지 않았다. 사전에도 엄연히 존재하는 단어고 가끔 연애편지나 시에 써먹기는 하지만, 일상에서 그런 단어를 쓴다는 것은 어이가 없는 일이었다.

절망, 참회, 숭고, 소통... 과 같은 단어에 대해서도 마찬가지였다. 도무지 실체가 보이지 않는 단어. 머릿속에 그림이 그려지지 않는 단어. 막연한 호기심으로 한번 발음해 볼 때면 그 즉시 눈앞에 뿌옇게 안개가 이는 단어. 춥고 가난한 시골 마을에서는 그런 단어는 쓰지 않는 편이 훨씬 바람직하다는 것이 상식이었다. 그러나 도쿄에 와서 제일 처음 버려야 하는 것이 바로 상식이었다. 상식은 돈을 버는 데는 별로 효과적이지 않았다. 그리고 일상생활에서 쓸모 없으면 없을수록 그 단어의 전염성은 강한 법이었다. 이 모든 사실을 그는 도시에 와서 배웠다.

도쿄에서 이런 단어를 입에 올리면서 월급을 받는다는 사실을 알면 어머니는 뭐라고 하실까?

기분이 착잡했다. 하지만 그는 이러한 단어를 쓰는 습관을 가진 도쿄 사람들 틈에서 아무런 힘도 가지고 있지 않았다. 그는 겨우 1년차 신입 영업사원에 불과했다.

그가 할 수 있는 최대한의 일은, 볼펜 한 자루를 송삼석 씨에게 구경시켜주는 것이었다.
기꺼이, 창백한 미소를 지으면서.

등가교환의 법칙

송삼석 씨는 볼펜의 원리를 금방 이해할 수 있었다. 우치다요 코사의 직원은 혁명이란 단어를 써놓고 겸연쩍어했지만, 송삼 석 씨는 실제로 그 사물에서 희미한 혁명의 냄새를 맡을 수가 있었다.

당시 우리나라의 필기구 시장은 연필과 긁어서 잉크를 찍어 쓰는 철필이 장악하고 있었다. 연필은 그렇다 치고, 철필로 말 할 것 같으면 필기구의 역사에서 다시 없을 불편한 도구였다. 뾰족한 철필 끝은 종이를 찢어버리기 일쑤였고, 신중하지 못 한 사람들은 걸핏하면 잉크병을 엎질러 책상이 엉망이 되곤 했다. 이 물건을 국내에 들여온다면 일대 파란이 일어날 것이 틀림없어 보였다.

송삼석 씨는 놀라운 하얀 막대기에 사로잡혀 우치다요코사의 나카다 소사부로 부장을 찾아갔다.

나카다 소사부로 부장의 아들이 좋아하는 만화영화 〈강철의 연금술사〉에는 다음과 같은 대사가 나온다.

무언가를 얻기 위해서는 그와 동등한 대가를 필요로 한다.

그것이 등가교환의 원칙이다.

우리들은 그것이 세상의 진실이라고 믿었다.

사람은 대가 없이 아무 것도 얻을 수 없다.

나카다 소사부로 부장도 그것이 세상의 진실이라는 데 동의했다.

송삼석 씨는 우치다요코사에서 가져온 카시오 전자계산기 10개를 팔아주고, 일본의 오토볼펜으로부터 볼펜 제조기술을 지원받기로 했다.

드디어, 국내 최초로 볼펜의 판매가 시작되었다.

III. 이름의 법칙

모나미

1963년 3월 29일.
광신화학공업사 내부에서는 곧 출시할 볼펜을 위한 이름 공모
전이 열리고 있었다. 김치수 대리는 학창 시절 갈고닦은 프랑
스어 능력을 발휘할 시간이 왔음을 직감했다.

그가 제안한 이름은, '모나미'였다.

Mon(몽) + Ami(아미) = 모나미
나의   친구

물론 그 외에도 다양한 의견이 있었다.

장준모 대리가 말했다.
'가와이 볼펜'이라고.

이장훈 과장이 말했다.
'구텐탁 볼펜'이라고.

김미영 경리사원도 한마디 했다.
'굿모닝 볼펜'이라고.

그러나 1963년 대한민국은 갓 취임한 대통령이 미모의 여성으로부터 프랑스어 과외를 받는다는 소문으로 인해 난데없는 프랑스어 붐을 맞이하고 있었다. 미모의, 그리고 묘령의 여성은, 프랑스어와 대단히 잘 어울린다. 그녀는 왠지 프랑스어의 H 발음처럼 부드러운 손등을 가졌을 것만 같다. 그리고 그런 손등은 누구나 프랑스어를 배우고 싶게 만든다. 요약하자면, 손등과 프랑스어는 60년대라는 비밀스런 합의의 세계를 구성하는 핵심 아이콘 중 일부였다.

새 볼펜의 이름이 모나미로 낙찰된 것은 당연한 일이었다.

모나미와 몽블랑

1963년은 모나미 153 볼펜의 탄생년도이지만, 동시에, 수년 뒤 계급적 헤게모니 속에서 모나미 153 볼펜의 숙적이 된 몽블랑 만년필 출시 50주년이기도 했다.

monami® **MONT BLANC**

모나미 153 볼펜이 갓 출시되었을 때, 사람들의 반응은 시큰 둥했다. 이 새로운 필기구가 편리하다는 사실을 아무리 강조해도 소용없었다. 대부분의 사람들은 연필 흑연의 익숙한 냄새와 철필의 차가운 감촉에 안주하길 원하는 것 같았다. 낯선 물건에 대한 경계심을 누그러뜨리기 위해서는 선구자가 직접 발로 뛰는 수밖에 없었다.

송삼석 씨가 서울 시내 동사무소들을 찾아가서 한 번이라도 써볼 것을 권하며 모나미 153 볼펜을 무료로 나눠주고 있는 동안, 지구 반대편에 위치한 독일 함부르크의 몽블랑 회장 사택에서는 50주년 기념으로 출시될 예술후원가 만년필 시리즈의 탄생을 자축하며 샴페인을 터뜨리고 있었다.

많은 사람들이 몽블랑 만년필을 프랑스 제품으로 착각하지만 몽블랑 만년필은 사실 독일제다. 이 정밀한 만년필의 이름은 알프스 산맥의 최고봉인 몽블랑에서 따온 것으로, 몽블랑은 프랑스와 이탈리아의 국경에 위치하고 있다.

몽블랑 만년필 뒤에 붙는 고유넘버인 4810은 몽블랑 봉우리의 높이가 4810m를 의미한다.

몽블랑 만년필의 창시자 중 한 명인 C.J.휘스는 다음과 같은 말을 남겼다.

"유럽 사람들이 눈 덮인 몽블랑 봉우리를 보며 느끼는 자긍심을 만년필을 쓰면서도 가질 수 있도록 하겠다."

숫자의 예지력은 놀라운 것이어서, 실제로 몽블랑 만년필의 가격은 이미 1963년에 4810달러를 상회하여 현존하는 가장 비싼 몽블랑 만년필은 73만 달러에 팔리고 있다.

모나미 153의 경우도 크게 다르지 않았다.

물론 약간의 차이는 있다. 몽블랑의 4810이 유럽인의 정신적 자긍심을 상징한다면, 모나미의 153은 한국인의 정신적 융통성을 상징한다는 것이다.

공식적으로 알려진 바에 따르면 출시 당시 모나미 볼펜 한 자루의 가격은 15원이었다. 15원은 버스를 한 번 타거나 신문을 한 부 살 수 있는 금액이었다. 그리고 모나미 153 볼펜은 광신화학공업사가 만든 세 번째 상품이었다. 광신화학공업사는 설립 후 크레파스, 연필, 볼펜의 순서로 상품을 출시했다. (우리가 현재까지도 관습적으로 필기구에 적용하고 있는 사용 가능 연령은 아마 이 최초의 필기구 출시 순서와 무관하지 않을 것이다.) 요컨대, 153에서 앞의 15는 15원을 뜻하고 뒤의 3은 세 번째 제품을 뜻한다는 것이다. 그러나 그것이 153을 설명할 수 있는 전부인 것은 아니다.

153의 두 번째 의미

[가보]
'가보'라는 말이 있다.
아홉 끗.
일본어(かぶ: kabu)에서 온 단어.
화투놀이에서 패의 숫자를 전부 더했을 때 끝자리 숫자가 9가
되는 수.

옛날부터 사람들은 행운을 부르는 숫자라 하여 가보를 좋아했다.

1 + 5 + 3
=
9

아홉 끗을 부르는 이름에는 여러 가지가 있다. 가보가 되는 수 가운데 1과 8은 '알팔가보', 2와 7은 '비칠가보', 4와 5는 '세오가보'라 한다. 노름판에서 4, 7, 8을 합하여 가보가 될 때 '진백장다리'라 하고 열 끗짜리 한 장과 아홉 끗짜리 한 장을 일러 '장귀'라고 부르는데, 1960년대 후반부터는 1, 5, 3이 나왔을 때 '모나미가보'라고 부르는 것이 도박꾼들 사이에 유행하기도 했다. 고시생들은 모나미 153 볼펜을 153자루 쓰면 가보의 운으로 합격할 수 있다고 믿었다.

북한에서 김정일의 요리사로 13년간 붙잡혀 있다가 탈출한 일본인 후지모토 겐지 씨의 회고에 따르면, 그 역시 감옥에 수감되었을 때 수인번호가 153이었기에 금방 빠져나올 수 있었다고 한다. 가보를 언급할 때 빼놓으면 가장 섭섭할 사람이 바로 김정일일 것이다. 김정일은 가보가 되는 수를 아주 좋아했다고 한다. 한때는 김정일 전용 번호인 '216'도 가보, 서기실의 번호도 '2168543'이니 전부 더하면 '29'로 가보, 김정일 전용 차번호도 '216555'로 가보였다고 한다. 심지어 생일마저 2월 16일로 가보였으니, 가보의 운 하나만큼은 타고난 사람이었다. 그러나 아껴 써야 할 가보의 운을 흥청망청 써버린 탓인지, 아니면 가보 중의 가보인 모나미가보와 연이 닿은 적이 없었던 탓인지, 죽음만은 그의 뜻대로 되지 않았다. 김정일은 어떻게 계산해도 아홉 끗이 되지 않는 2011년 12월 17일에, 70세의 나이로 사망했다.

행운에 대한 신뢰는 값진 것이다. 필자는 이 책을 쓰면서 가능하면 153 페이지에서 끝마칠 수 있도록 최선을 다하려고 한다.

153의 세 번째 의미

[베드로]

갈릴리 바다의 북쪽 연안에서 고기잡이를 하던 시몬 베드로는 솔직하고 예의 바른 남자였다. 디베랴 호수에서 낚시를 하는 것이 삶의 유일한 즐거움이던 베드로는, 어느 날 날이 저물 때까지 한 마리의 수확도 올리지 못하고 있었다.

그때 희미한 어둠 속에 한 남자가 나타났다.
"네 이름이 무엇이냐?"
"시몬 베드로입니다."
"베드로. 좋은 이름이다."
"영어로는 Peter. 희랍어로 '하나의 바위'라는 굳센 뜻을 지니고 있지요."
"하나의 바위라. 너는 이름처럼 굳센 사람인가?"
"꼭 그렇지는 않습니다. 지금도 밤이 이숙하도록 고기가 나타나지 않아 지칠 대로 지쳐 있는 상태거든요."

그들의 대화는 꽤 오래 이어졌다.
반말에 기분이 조금 상했다는 사실을 제외하면, 베드로는 이 낯선 장발 남성에게 상당히 마음을 연 상태였다.

"너는 내가 누구인지 궁금하지 않느냐?"

과연 그 낯선 사내의 두 발은 물 위에 떠 있었고 베드로는 이
사람이 보통내기가 아니라는 생각이 들기 시작했다. 그러나
누군지 따져 묻고 싶은 마음은 손톱만큼도 없었다. 전래동화
에서는 원래 호기심이 많을수록 탈이 나고 욕심이 없을수록
상을 받는 법이었다.

"안다고 한들 무엇이 달라지겠습니까? 저는 한낱 어부일 따름
인데요."
"그 말이 옳구나. 너에게 선물을 주겠다. 저기 저곳에 그물을
내려 보아라."

베드로는 남자의 손가락이 가리킨 곳으로 가 그물을 던졌다.
그러자 일시에 그물 속으로 물고기가 가득 차오르는 것이었
다. 물고기의 수를 세어보니 모두 153마리였다.

[베드로 피쉬]

한편, 사람들은 그날 잡힌 물고기를 베드로 피쉬라 불렀다. 베드로 피쉬는 긴네렛 호수에 서식하는 담수어로 몸빛은 은회색이며 몸통은 양옆으로 납작하다. 사계절 모두 구할 수 있으며 한때는 이스라엘에서 가장 흔한 생선 중 하나였는데, 어쩐 일인지 이제는 그 수가 현저히 줄어들었다.

혹자는 베드로가 만났던 장발의 남성이 지금도 이곳저곳에 출몰하며 마음에 드는 어부에게 '153마리 선물'을 남발하고 있다고 주장했다.

베드로 피쉬는 희고 연한 속살이 일품이다. 한 마리의 크기가 어른 남자 손바닥보다 커 이스라엘을 찾은 관광객의 훌륭한 한 끼 식사로 인기다. 문화적 세련미를 갖춘 손님들은 베드로 피쉬 요리를 먹은 후에는 꼭 153세켈을 팁으로 놓고 간다고 한다.

153의 열여섯 번째 의미

모나미 153 볼펜의 길이는 처음 구매시 정확히 145밀리미터다. 아무도 눈치채지 못했겠지만, 이 길이는 늘 일정한 것이 아니다. 예를 들어 재빠른 속도로 필기를 계속하다 보면 가벼운 원심력의 영향으로 볼펜심이 내부의 공기로부터 밀려나고 어느 순간 심과 스프링이 살짝 분리된다. 그때 볼펜의 길이는 149밀리미터다. 왜냐면 볼펜의 내부 스프링은 정확히 28밀리미터인데, 그중 두 겹으로 꼬여 있던 하단부 4밀리미터가 풀리면서 볼펜 머리와 자루를 돌려 끼우는 나사도 느슨해지기 때문이다.

느슨해진다는 것은 무엇을 말하는가? 한 번만 어긋나도 돌이킬 수 없는 정직한 물질성의 세계에서, 느슨해진다는 것은 이미 걷잡을 수 없이 무한한 팽창과 수축의 반복을 예비해두고 있다는 뜻이 된다. 이것은 인간의 정신세계에서도 '나사가 풀린'이라는 비슷한 언어로 비유된다.

졸음필기는 졸음운전과 마찬가지로 시간의 각을 무의지적으로 꺾는다. 145밀리미터의 가느다란 직선은 필기자의 헤드뱅잉이 과격해질 때마다 심리적으로 위축되어 2밀리미터씩 짧아진다.

길이가 길어지는 경우는 주로 볼펜에 외적인 충격이 직접적으로 가해질 때다. 볼펜 끝을 습관적으로 테이블 모서리에 콕콕 찍을 때는 1.5밀리미터씩 길어진다. 실수로 땅에 떨어트렸을 때는 무려 16밀리미터가량 늘어났다 줄어드는 기염을 토하기도 한다. 우리로서는 감지하지도 못할 만큼, 아주 짧은 순간 동안이긴 하지만 말이다.

이 불완전한 볼펜의 길이가 정확히 153밀리미터가 되는 순간이 있다. 한 자루의 볼펜이 목숨을 다하는 순간이다. 즉 볼펜 잉크가 다 소진되었을 때, 내부에 조금의 잉크 찌꺼기도 없이 성실하고 말끔하게 비워졌을 때다. 볼펜의 비쩍 마른 자루는 스스로 그 내용 없는 죽음의 냄새를 소리 없이 삼킨다. 보이지 않는 손때와 먼지와 온갖 소문들을 꼬리처럼 매달고서 말이다. 우주는 볼펜을 사방에서 잡아당기고 만진다. 그리하여 눈에 너무 띄지는 않지만 그렇다고 해서 무시할 수는 없는 변화, 딱 8밀리미터만큼의 군더더기가 붙은 채로 볼펜의 활동은 끝난다.

153밀리미터일 때 볼펜은 가장 덜 볼펜적이다. 힐끗 바라보면 마치 가난한 사내를 덮은 하얀 수의 조각처럼 보일 정도로.

IV. 볼펜을
이루고 있는
것들

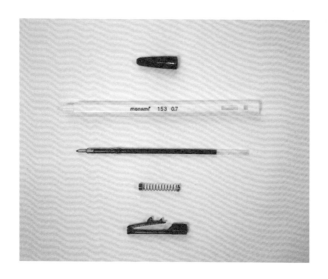

[껍데기]

모나미 153 볼펜의 겉을 감싸고 있는 것은 하얀색의 얇고 단단한 플라스틱이다. 볼펜의 대부분을 이루고 있으니 몸통이라고 해도 좋고, 보다 문화적인 관점에서는 집이라고 해도 좋을 것이다. 그러나 여기서는 껍데기라고 불러볼 것을 제안한다. 여느 껍데기들과 마찬가지로 면적에 비해 딱히 얘기할 내용이 없기 때문이다. 이 부분의 유일한 이야깃거리인 길이에 관해서는 '153의 열여섯 번째 의미'를 참조하면 된다.

[심]

모든 껍데기는 그 안에 알맹이를 숨기고 있다. 모나미 153 볼펜이 숨기고 있는 알맹이는 얇고 반투명한 플라스틱 재질의 심이다. 이 가느다란 심이 잉크를 머금고 있다가 필요할 때마다 조금씩 흘려보낸다. 그런데 필요할 때가 언제인지를 스스로 판단하는 능력은 없기 때문에 혼자서는 임무를 제대로 수행하지 못한다. 역사적 사례를 하나 들어보자.

1980년, 이해동 목사는 김대중 내란음모 사건에 얽혀 옥고를 치르게 되었다. 1심 공판이 열리던 날, 이해동 목사의 아내가 재판장을 찾았다. 그런데 그녀는 평소 입지도 않던 코르셋을 착용하고 있었다. 왜였을까?

바로 볼펜심을 숨겨 들어가기 위해서였다. 재판장의 경비와 몸수색은 어느 때보다 삼엄했다. 변호사도 선임받지 못한 상황에서 구속자 가족들은 재판 내용을 중간중간 메모해 외국 언론에 전해야 한다는 의지 하나로, 얇은 볼펜심 하나를 몸에 꼭꼭 숨기고 있었다.

그런데 껍데기도 뚜껑도 없이 혈혈단신 외출하게 된 볼펜심은 말 그대로 무방비 상태였고, 뭘 어떻게 해야 할지 몰랐다. 당황한 것은 이해동 목사의 아내도 마찬가지였다. 그녀는 다음과 같이 회고했다.

"헌병들은 피고의 가족들을 에워싸고 방청석에 함께 앉았다. 그들의 위압적인 분위기에 기가 죽어 도저히 볼펜심을 꺼낼 수가 없었다. 시간이 지나면서 내 속옷에 끼워져 있던 볼펜심이 체온을 견디다 못해 녹아 흐르기 시작했다. 속옷을 적신 잉크가 겉으로 배어나와 옆에 있던 헌병은 기함을 하며 나를 막 몰아세웠다."

볼펜심이 사람을 당황시키는 경우는 또 있다. 온도가 높을 때는 잉크를 무책임하게 방출하며 난리법석을 피우지만, 온도가 낮을 때는 아예 꿀먹은 벙어리가 되어버리는 것이다. 한겨울에 껍데기에서 빼낸 볼펜심을 책상 위에 며칠 방치해두면 알게 될 것이다. 딱딱하게 굳어버린 볼펜심이 얼마나 고집스러운 사물일 수 있는지를.

[잉크]

그렇게, 하필이면 한 방울의 잉크가 절실한 순간에만, 볼펜은 사용 불가능의 상태가 되곤 한다. 하지만 이 악운을 늘 볼펜심의 탓으로만 돌릴 수는 없다. 실제로 상황을 더 나쁘게 만들고, 심지어 그것을 눈에 띄게 만드는 것은 잉크 쪽이니까 말이다. 가방 속에서, 속옷 틈에서, 서랍 속에서, 잉크는 인간이 가질 수 있는 각종 낭패감을 얼룩으로 표현하곤 한다. 혹은 한 장밖에 남지 않은 편지지 위에다 신경질적인 스크래치만을 남긴다. 잉크가 말라 엉겨붙은 볼펜촉이 종이를 긁고 지나간 흔적은 지울 수도 없고 덮을 수도 없다. 어느 경우든 기록이라는 소기의 목적은 달성된 셈이지만, 이때의 기록은 볼펜 자신에게

만 의미 있는 기록이므로 사용자는 볼펜을 쓰레기통에 던져버리고 만다.

강물처럼 잉크에게 있어서도 잘 흐르는 것이 관건이다. 넘치지도 않고 말라버리지도 않으면서 적당한 양으로 흐르는 것. 이곳의 흔적을 평화롭게 저곳으로 흘려보내주는 것. 그러기 위해서 잉크는 아주 조그마한 조력자 하나를 필요로 한다.

[볼]

다들 알다시피 펜 중에서도 잉크가 나오는 입구에 작은 공(ball)을 장착하고 있는 필기구를 볼펜이라 부른다. 요컨대, 볼이야말로 볼펜을 볼펜이게 하는 부품인 것이다. 초소형의 강철 볼은 펜의 움직임에 따라 종이와의 마찰로 구르면서 잉크가 흘러나오게 돕는다.

오래 방치한 볼펜의 잉크가 굳는 것은 볼펜심이 노인의 혈관처럼 좁고 딱딱해지는 탓이기도 하지만, 볼펜의 심장이라고 할 수 있는 이 작은 볼에 문제가 생기는 탓이기도 하다. 볼은 세월에 따라 산화를 겪는다. 일반적인 수명은 15개월 정도로 생각보다 짧은 편이다. 형편없이 질이 낮은 볼은 보존기간과 무관하게 아무 때나 궤도를 이탈해버리기도 한다. 한마디로 볼이 빠져버리는 것이다.

볼을 감싸고 있는 부분을 '팁'이라고 부르는데, 팁의 가공은 1/1,000의 오차도 허용하지 않는 정밀도를 요하기 때문에 고난도의 기술을 필요로 한다. 바닥에 떨어졌을 때 끝부분이 망가져서 못 쓰게 되는 일은 볼펜의 일생에서 비일비재하게 일어나는데, 조그만 충격에도 망가져버릴 만큼 팁이 예민한 부위이기 때문이다.

예상과는 달리, 고가의 볼펜일수록 정밀도는 뛰어날지언정 내구성은 떨어진다. 어떤 일제 볼펜은 구입한 지 사나흘도 지나기 전에 끝이 부서져버리는 것으로 유명하다. 날렵한 외관과 매끈한 필기감에 사로잡혀 누구나 한 번씩 지갑을 열지만, 잉크가 멀쩡하게 남아 있는데도 불구하고 무용지물이 되어버리는 모습을 보며 사용자는 한숨을 쉬어야만 하는 것이다.

그러나 모나미 153 볼펜에 달린 볼은 쉽게 부서지는 일이 없다. 굵고 튼튼하고 단순하다. 당황하여 잉크를 줄줄 흘리거나 목석처럼 굳어버리기는 해도, 사소한 충격에 예민하게 파열되는 일은 흔치 않다. 그것은 이 사물에게 어울리는 죽음의 형태가 아니다. 달리 말하자면 모나미 153 볼펜은 그다지 섬세한 사물이 아닌 것이다. 모나미 153 볼펜이 부침 많은 필기구 시장에서 그토록 오래 살아남았던 데에는 그 무디고 무던한 성격이 한몫했다고 보아도 좋을 것이다.

대신, 한 가지 치명적인 결점이 있다.
타의 추종을 불허하는 양으로 볼펜 입구에 쌓이는 그것.
눈치 빠른 독자들은 벌써 알아차렸을 것이다.
바로 똥 얘기다.

[볼펜똥]

볼펜똥이라는 말을 처음으로 쓴 사람은 누구일까? 어떤 생각을 하면서 그 단어를 입에 올렸을까? 모르긴 몰라도 그다지 유쾌한 생각은 아니었을 것이다. 물론, 볼펜이 똥을 싸다니, 어린아이의 관점에서라면 충분히 재미있고 귀엽기까지 한 발상이다. 그러나 현실은, 사랑스러운 상상 속에서 볼펜을 의인화해 보려는 시도와는 거리가 멀었을 것이다. 그가 처한 상황은 자기도 모르게 외마디 욕설을 내뱉을 만한, 아니면 적어도 책상을 주먹으로 탕! 내리칠 만한, 상당히 짜증스러운 상황이었음에 틀림없다.

이미 설명했듯이 볼펜은 펜 끝에 장착된 조그마한 금속 볼이 종이와의 마찰에 의해 회전하도록 만들어졌다. 종이 표면에 닿은 볼이 회전을 시작하면, 직경 1센티미터 공간에서 작은 마술이 펼쳐진다. 볼펜심 안에 들어 있는 잉크가 조금씩 끌려 나오고, 이것이 종이 위에 묻으면서 글씨가 써지는 것이다. 연필처럼 흑연심이 드러나도록 끝을 깎은 것도, 잉크병에 담가 잉크를 묻힌 것도 아니고, 그냥 종이에 대고 그었을 뿐인데 글씨가 써지다니. 볼펜의 원리를 처음 체험해 본 이들은 누구나 신기해했을 것이다. 송삼석 씨가 그랬듯이.

하지만 문명의 이기가 제공하는 편리에는 언제나 또 다른 불편이 뒤따르게 마련이다. 모나미 153 볼펜도 그 법칙으로부터 자유로울 수 없었다. 볼이 회전하면서 흘러나온 잉크 중 일부는 그 끈적끈적함 때문에 종이에 묻지 않고 볼에 달라붙어 있게 된다. 유성잉크의 찌꺼기가 볼 주변에 쌓여 있다가 종이에 지저분하게 묻는 것이다. 이것이 볼펜똥이다.

머릿속으로 단어를 골라가며 조심스레 글씨를 써내려가던 누군가를 떠올려보자. 한 글자 한 글자 쓸 때마다 신중을 기하고 있다. 볼펜은 지워지지가 않으니 쓸 때 깔끔하게 잘 써야만 한다. 골똘한 고민에 빠져 있다가, 흐트러진 생각을 바로잡기라도 하려는 듯 자세를 고쳐 앉는다. 그래, 그다음은… 하며 볼펜을 쥔 손에 힘을 싣는다. 바로 그때, 볼펜 끝이 종이에 닿는 찰나, 눈이 번쩍 떠진다. 황급히 볼펜을 거둔다. 그러나 이미 늦었다! 가지런히 늘어선 글자들 끝에 끈적끈적한 잉크 찌꺼기가 묻어버린 것이다. 흔적의 크기는 좁쌀 크기에 불과하지만 신경 쓰지 않으려 노력하면 할수록 눈에 띄게 도드라지는 이 찌꺼기는 분명 지울 수 없는 오점이다. 아니, 오점이라는 표현으로는 분이 풀리지 않는다. 완벽한 서류를 망쳐버린 시커멓고 미끄덩한 점액질, 잉크의 쓸모없는 잔해물, 배설물, 그래, 똥, 이 더러운 볼펜똥 같으니!

그러나 볼펜똥을 매우 진지한 태도로 바라본 사람도 있다. 극심한 슬럼프에 빠져 방바닥에 누워 있기만 하던 한 중년의 조각가다. 며칠이고 같은 벽의 벽지를 멍하니 바라보던 어느 날, 그는 빛바랜 벽지의 무늬 위로 무언가가 희끄무레 솟아오르는 것을 발견했다. 긴 침묵 뒤 그의 얼굴에 미소가 번졌다. 기나긴 슬럼프가 비로소 종지부를 찍는 순간이었다. 그때 벽지에서 본 형상이 정확히 무엇이었는가는 이후에도 알려지지 않았지만, 사실 그건 중요한 문제가 아니었다. 그에게 중요한 건, 무념무상의 상태로 돌을 깎고 자르고 파고 다듬다가 돌 속에서 어떤 형상을 발견할 때 느끼곤 하던 희열을, 벽지와의 대면에서 다시금 느꼈다는 사실이었다. 더군다나 이제는 자기 덩치만 한 돌덩이를 부여잡고 씨름하느라 무식하게 땀을 흘릴 필요도 없으니 금상첨화가 아닌가?

그날부터 그는 조각가가 아니라 '벽지 화가'로 불렸다. 오직 벽지 위에만 그림을 그렸기 때문이다. 그런데 그는 아무런 안료도 이용하지 않았다. 한마디로 말해서, 정말로 벽지 위에다 그림을 그린 것은 아니었던 것이다. 벽지 화가의 그림이란 이런 것이었다. 일단 작업복을 갈아입고 마음에 드는 벽 앞에 앉는다. 화려한 무늬가 프린트된 벽지가 발라진 벽은 가급적 피하고, 채도가 낮은 파스텔톤이나 흰색 또는 미색을 택한다. 이제 최대한 편안한 자세를 취하고, 천천히 심호흡을 하면서 시선을 벽지에 둔다. 너무 또렷이 보아서도 너무 흐릿하게 보아

서도 안 된다. 올록볼록한 땡땡이무늬로, 줄무늬로, 혹은 지그
재그로, 벽지에 따라 다양하게 펼쳐지는 무늬들. 그 패턴을 무
심한 시선으로 훑으면서, 숨겨진 형상을 눈앞에 그려보는 것
이다. 벽지에 손때가 묻어 있거나 부분적으로 뜯겨 나간 흔적
이 우연히 시선에 포착된다면 형상의 발견에 더 큰 도움이 되
었다. 조형미를 위해 덧칠을 하거나 지울 필요도 없었다. 눈
앞의 그림이 마음에 들지 않으면 눈을 한 번 깜빡인 다음 다시
그리면 그만이었다. 시선의 흐름과 상상력의 절묘한 협력이
탄력을 받기만 하면, 아름답게, 더 아름답게 그릴 수가 있었
다. 이런 식으로 그는 벽지 위에다 헤아릴 수 없이 많은 명작을
남겼다.

사실 벽지 화가가 고안한 예술이 그리 새로운 것이라고 볼 수
는 없다. 그 스스로가 이미 여섯 살 때 경험해 보았는데, 그것
이 예술임을 깨닫지 못했을 뿐이다. 경험의 장소는 다양했다.
옥상, 놀이터, 집 앞 공원 등 하늘이 보이는 곳이라면 어디든
가능했다. 날씨의 도움은 조금 필요했는데, 화창한 날씨에 적
당한 저기압의 영향으로 구름이 떠 있으면 준비 완료였다. 흘
러가는 구름을 하염없이 올려다보고 있으면 목이 조금씩 아파
왔지만, 이 놀이에는 인내심이 필수였다. 구름의 희미한 가장
자리와 볼륨 있는 모양새를 한참 바라보고 있노라면, 구름이
천천히 얼굴을 바꾸는 마술로 보답해주었다. 토끼로, 양 떼로,
산타클로스 할아버지로…… 구름은 눈을 뗄 때까지 끊임없이

변신했다.

그의 아버지도 비슷한 종류의 취미생활을 가지고 있었다. 강이나 돌밭에서 기이하게 생긴 자연석을 수집하는 일이었다. 아버지는 그것을 '수석'이라고 불렀는데, 늘 수석은 취미가 아니라 예술의 경지라고 말하곤 했다. 아버지와 동료들은 괴상하게 생긴 돌덩이를 주워 와서는 그것을 깨끗한 물로 씻어놓고 한참이나 들여다보며 품평을 했다. 어린 그의 눈에는 강물에 쓸리고 이끼가 끼어 우연히 만들어진 얼룩으로밖에 보이지 않았는데, 사십 줄의 아저씨들은 흥분된 얼굴로 얼룩을 가리키며 말했다.

"이건 정말 예술인데?"

그들은 돌의 무늬로부터 많은 것들을 읽어냈다. 가지가 드리워진 소나무, 폭포, 초가집, 어머니와 아들, 심지어 용이 되어 날아가는 이무기도 있었다. 아버지는 말했다. 내가 자연이고, 자연이 곧 나라고. 어린 벽지 화가는 그것이 예술이라는 말을 도저히 이해할 수 없었다.

그러나 사십 줄에 들어선 벽지 화가는 과거의 아버지보다 한층 강렬한 예술과의 공명 상태를 추구하고 있었다. 그는 이제 벽지로 만족하지 않았다. 벽지가 보여주는 그림에는 우연의 요소가 부족했다. 다른 재료, 좀 더 훌륭한 캔버스를 찾아 나설 때가 왔다는 생각이 들었다.

그즈음 모나미 153 볼펜을 우연히 발견한 것은 그야말로 역사적인 사건이었다. 벽지 화가는 이것으로 미술사에 한 획을 그을 수 있으리라는 예감이 들었다. 그는 볼펜똥이 묻어 엉망이 된 노트를 환희에 차서 한 시간이고 두 시간이고 들여다 보았다. 볼펜똥은 모양이 일정하지도 않고, 때에 따라 양이 적기도 하고 많기도 했으며, 명암과 묽기에도 덩어리마다 미묘한 차이가 있었다. 더군다나 볼펜똥은 그가 오랫동안 미술가로서 잊고 지내야 했던, 재료를 사용하는 직접적인 즐거움을 되돌려주었다.

그는 이제 두 손을 정갈히 하고 벽 대신 한 장의 종이 앞에 앉는다. 모나미 153 볼펜을 손에 쥔다. 그리고 옆에 따로 준비해 둔 연습장에 몇 차례 아무렇게나 선을 그으면서 볼펜에게 시간을 준다. 이렇게 뜸을 들이는 것이 결벽증적인 사람에게는 볼펜똥의 양을 축적하는 것밖에 안 되었겠지만 우리의 벽지 화가에게는 다르다. 뜸을 들이는 것은 곧 시간의 심연으로부터 무의식의 앙금이 가라앉게 만드는 것이고, 짧은 시간 동안 직경 1센티미터 공간 안에서 일어나는 작은 생리 현상을 하나의 소우주로 긍정하는 일이었다.
볼펜똥이 적당히 쌓였다 싶으면 종이 위 여기저기에 콕, 콕, 찍어 똥을 닦아낸다. 그러고는 취할 수 있는 최대한의 무념무상 속에서 볼펜똥이 여러 가지 형상으로 태어나는 걸 본다. 종이 위에 배설된 볼펜똥들은 어린 날의 구름보다도, 아버지의 돌덩어리보다도 훨씬 다채로운 풍경을 펼쳐 보인다.

그는 감격에 잠겨 생각한다.

예술의 지고한 경지, 조각의 진정한 의미.

재료를 지배하지 않고 재료와 대화하는 상태에 이르렀다고.

이제 그는 더 이상 벽지 화가가 아니다.

그는 볼펜똥 화가다.

[앞뚜껑]

색깔에 관해 얘기할 차례다. 모나미 153 볼펜은 오랫동안 흰 몸통에 까만 앞뚜껑의 조합으로 우리 눈에 친숙해졌다. 대중화되면서 빨강색, 파랑색이 추가되어 삼색 기본 세트가 되었지만, 사람들이 모나미 153 볼펜에 관해 말할 때 떠올리는 이미지는 언제나 까만 색과 흰 색의 조합이다.

모나미 153 볼펜이 한국에서 국민볼펜으로 자리 잡은 데에 정말로 그 명징한 색상 이미지의 역할이 있었는지에 대해서는 의견이 분분하다. 한 문화인류학자는 흰 저고리에 까만 치마의 직관적인 조합이 아니었더라면 유관순 누나가 이토록 오래 역사적 이미지로 기억될 수는 없었을 거라며 논란을 일축했다. 모나미 153 볼펜 역시, 백의민족의 단순한 무의식을 사로잡아 누구나 검은 머리 파뿌리 되도록 즐겨 쓰는 애용품이 될 수 있었다는 것이다.

한편, 볼펜의 친구인 크레파스는 세상의 변화를 거스르지 못했다. 2002년 국가인권위원회는 크레파스의 특정 색을 '살색'이라 이름 붙이는 것이 인종과 피부색에 대한 차별적 인식을 확대할 소지가 있어 헌법 제11조의 평등권을 침해한 것으로 보고, 기술표준원에 한국산업규격을 개정하도록 권고했다. 그리하여 1967년부터 사용되었던 '살색'이라는 명칭은 '살구색'으로 대체되었다. 물론, 그 이후로 어린이들이 살색이라는 표현을 더 이상 쓰지 않는 것은 아니다. 그건 아마도 어린이의 탓이 아니라 어린이를 가르치는 어른의 탓일 것이다. 어떤 어른에게 있어서, 빨간색은 영원히 빨간색이고 살색은 영원히 살색이다.

[뒷꼭지]
만약 볼펜의 안이 어디고 밖이 어디냐 하는 질문을 받는다면 누구나 이 장에서 처음 설명했던 껍데기를 떠올리며 대답을 마련할 수 있을 것이다. 그건 사실 너무 쉬운 질문이다. 우리가 시간을 내어 고민해볼 만한 질문은 다음과 같은 질문이다.

볼펜의 시작은 어디인가?
그리고 볼펜의 끝은 어디인가?

사물에게도 시작과 끝이 있을까? 이야기에는 시작과 끝이 있다. 아무리 짧은 이야기라도, 지겹도록 긴 이야기라도, 하나의 이야기는 시작점과 끝점을 가지고 있다. 가끔씩 시작과 끝 중 하나가, 혹은 둘 다가 생략되기도 하지만 그래도 우리는 그것들이 이야기의 몸 어딘가에 숨겨져 있다는 걸 안다.

비교적 명쾌할 것 같지만 의외로 가장 판단하기 혼란스러운 것은 생명체의 시작과 끝이다. 사람의 시작은 언제일까? 수정란이 착상되었을 때부터인지, 아니면 심장이 생기고 나서부터인지, 생명의 시작에 관해서는 워낙 말들이 많지만 여기서는 문자 그대로 '태어나는' 순간을 얘기해보도록 하자.

아기가 태어나는 과정을 보면 시간적 순서가 아닌 물리적 위치로서의 시작점도 발견할 수 있다. 바로 머리다. 원형의 자궁 속에 있을 때 아기에게는 특별히 상하좌우가 없다. 그런데 시간이 흐르면 슬슬 위치를 잡다가 태어날 때가 되면 머리부터 쓱 내미는 것이다. 그것이 생명체가 태어나는 순서이기 때문에, 다리부터 나오거나 하면 사람들은 기겁을 한다. 자궁을 빠져나오는 순조로운 여행을 준비하면서 아기의 두개골은 매우 부드럽고 유연한 상태가 된다. 흙을 뚫고 뾰족뾰족 돋아나는 여린 새싹들과 흡사하게도, 작은 머리통을 세상에 내미는 것이 모든 삶의 시작인 것이다.

볼펜의 경우도 마찬가지다. 머리통을 세상에 내미는 것. 한 글자를, 한 줄의 선을 긋기 위해 잉크 주입부를 내미는 것이 볼펜의 시작이다. 그리고 그것은 잉크도, 볼과 팁도, 스프링도 아닌, 바로 조그만 뒷꼭지에서부터 출발한다. 제아무리 훌륭한 생각에 사로잡혀 볼펜을 쥔다 해도 뒷꼭지를 누르지 않는다면 스프링은 꿈쩍도 않을 것이고, 볼은 앞뚜껑의 비좁은 틈을 빠져나오지도 못할 것이다. 그러니까 볼펜을 정말로 세상에 내미는 순간, 종이와의 대면을 성사시키는 행위의 시작은 바로 뒷꼭지에 있다.

[소리]

한 가지 덧붙이자면, 생명체의 시작은 그저 머리통이 아니라 머리통에 달린 감각기관들에서 발견되는 것이라고 보는 관점도 있다. 머리통을 세상에 내밀고 태어난 아기가 엉덩이를 한 대 맞고 첫 울음을 터뜨릴 때, 그제서야 아기의 탄생이 진정으로 세상에 받아들여지니까 말이다.

모나미 153 볼펜에게도 매 순간 새로운 탄생을 선포하는 회심의 무기가 있다. 뒷꼭지를 누를 때 딸깍- 하는 소리. 그 소리를 듣는 순간 우리는 의식하지 못하는 채로 전신의 온-오프 버튼을 작동시킨다. 미열 속에서 세포들이 긴장하기 시작하고 언어중추신경이 예민해진다. 그러니 신경질적인 사용자라면 책상에서 다리를 떠는 대신에 딸깍 딸깍 뒷꼭지를 눌러제끼는 행동을 할 수밖에 없는 것이다.

그렇다. 딸깍. 그 소리야말로 모든 지식과 즐거움과 지겨움과 하릴없는 시간 때우기와 고백과 음모의 시작이며, 모나미 153 볼펜을 이루고 있는 가장 중요한 부분이다.

V. 어휘들

1965년 무렵, 잉크병과 철필은 자취를 감추었다. 뒷꼭지를 딸깍 누르기만 하면 언제든 적당량의 잉크로 손쉽게 글을 쓸 수 있다는 사실을 이해하게 되면서, 이제 아무도 귀찮은 필기구를 곁에 두려 하지 않았다. 모나미 153 볼펜은 눈부신 성장을 계속해 연간 20% 이상의 매출액을 올리게 된다. 정확한 매출액은 중요하지 않다. 예나 지금이나 볼펜의 역사를 학술적으로 연구하는 사람들이 잊지 말아야 할 것은, 모나미 153 볼펜에 관해서는 매출액 말고도 할 이야기가 아주 많다는 사실이다.

그러나 이 책은 모나미 153 볼펜이 우리에게 무엇인가 의미심장한 역할을 했다고 말하기 위하여 쓰여진 것은 아니다. 정확히 말하자면 모나미 153 볼펜이 우리에게 무엇인가를 했다기보다는, 우리가 모나미 153 볼펜에게 무엇인가를 했다고 보는 편이 적절하다. 이 사실을 더 잘 이해하는 데에 도움을 줄 만한 몇 가지 어휘들을 소개한다.

KS. 코리안 스탠다드

1968년 6월 20일,
모나미 153볼펜은 국내 문구류 최초로 KS 마크를 획득한다.
규격화와 표준화는 근대화의 척도.
KS. 코리안 스탠다드.

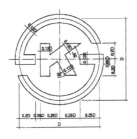

같은 해 12월, 정부는 국민교육헌장을 반포했다.
아이들은 국민교육헌장을 외웠다.
못 외우는 아이들은 숙제로 오십 번씩 베껴 써야 했다.
모범 학습의 기준은 반복과 암기.
KS. 코리안 스탠다드.

모나미 153 볼펜은 노력과 근면의 상징이 되었다.

미워했다. 전에 네일이 무로
틀리고 안 들어 가구 틀려서 재였고
2, 맞으고 인정 좋았어 이제서 하는
이지, 우서가 나아가는 배그 배게
거ぬ 늘었다. 힘들었던 마음은 틀

유희의 기술

물론 모나미 153 볼펜이 공책 위에서만 어린이들의 다정한 친
구 노릇을 한 것은 아니었다.

[물총]

❶ 구멍가게에서 기저귀 고무줄 50원어치를 산다.

❷ 고무줄의 한쪽 끝을 묶는다.

❸ 반대쪽 구멍으로 물을 가득 넣는다. 고무줄은 거위의 노란 부리처럼 불룩해질 것이다.

❹ 물이 도로 빠져나오지 않도록 조심하면서, 구멍에 모나미 153 볼펜의 까만 앞뚜껑을 연결한다.

❺ 미적 통일성을 고려하여 노란색 고무밴드로 고정시키거나, 그런 것에 관심이 없다면 청테이프를 잘라 칭칭 감싸준다.

❻ 노랗게 부푼 고무줄의 배를 타깃을 향해 힘껏 누른다.

[비비탄총]

❶ 모나미 153 볼펜을 분해한다. (분해란 언제나 매력적인 작
   업이다.)
❷ 까만 뒷꼭지를 180도 회전시켜 제자리에 꽂는다.
❸ 스프링을 하얀 몸통 앞쪽에서 천천히 밀어 넣는다.
❹ 그 뒤로 약간의 휴지 뭉치도 밀어 넣는다.
❺ 비비탄을 장전한다.
❻ 까만 뒷꼭지를 힘차게 눌러 발사한다.

[귤껍질총 - 겨울에 알맞은 향긋한 일회용 총]

❶ 귤껍질을 바닥에 한 겹 펼쳐놓는다.

❷ 모나미 153 볼펜의 하얀 몸통 끝으로 귤껍질을 콕 찍는다.

❸ 좀 더 두꺼운 귤껍질 탄알을 원한다면 두 번 세 번 콕콕 찍는다.

❹ 하얀 몸통의 반대편 끝에 테이프를 감아 구멍을 좁힌다. 볼펜심이 빡빡하게 밀어 넣어질 정도로.

❺ 볼펜심을 끝까지 밀어 넣으면 오렌지색 탄알이 향긋한 귤 냄새를 퍼트리며 발사된다. (강아지에게 쏘면 탄알을 피하지 않고 일일이 주워 먹는다.)

[거짓말 탐지기]

❶ 모나미 153 볼펜을 분해한다.

❷ 스프링을 하얀 몸통 앞부분에 수직으로 끼운다. 이때, 스프
링과 하얀 몸통이 기역자 모양이 되도록 한다.

❸ 볼펜심을 까만 뒷꼭지에 수직으로 끼워 스프링과 하얀 몸
통과 볼펜심이 XYZ 축을 이루도록 한다.

❹ 완성품을 들어 올렸다가 가볍게 지면에 떨어트린다.

통,

통,

통,

......

❺ 스프링의 가녀린 발끝이 누구를 향하는지 본다.

[볼펜 밀어내기]

낡은 나무책상을 갑자기 긴장 감도는 적막의 섬, 가파르고 애틋한 소인국의 영토로 만드는 게임에는 세 가지 종류가 있다.

지우개 따먹기.
알까기.
그리고 볼펜 밀어내기.

볼펜 밀어내기는 지우개 따먹기보다는 경쾌하고 알까기보다는 우아하다.

낭만

세계 최초로 우주비행에 성공한 것은 소련이었지만, 세계 최초로 크리스마스를 우주에서 맞이한 것은 미국인들이었다.

제임스 로벨, 프랭크 보먼, 빌 앤더스.

1968년 12월 21일, 미국 플로리다 주의 케네디 우주센터에서는 세 사람의 우주비행사가 아폴로 8호를 위한 만반의 준비를 마친 상태였다. 그들은 3일 간의 비행 끝에 달에 도착할 예정이었고, 인류 최초로 달의 궤도를 돌고 오는 영광스러운 임무의 수행을 목전에 두고 있었다.

사실 인류 최초로 우주에 가는 영광은 소련의 우주비행사 유리 가가린이 선점하였고, 심지어는 가가린에 앞서 라이카라는 이름의 조그만 강아지 한 마리가 지구에서 우주로 가본 최초의 생명체로 역사에 이름을 남긴 상태였다. 하지만 전혀 부럽지 않았다. 유리 가가린은 처음으로 우주에 내던져지는 인간이라는 선례 없는 공포를 홀로 견뎌야 했고, 더 불쌍하게도 라이카는 끝내 지구로 돌아오지 못하고 우주에서 다섯 시간 만에 죽어버렸다.

심호흡을 고르며, 세 명의 우주비행사는 생각했다. 우리는 몇년 전보다 훨씬 더 안전해진 우주복을 입고, 함께라는 위안을 덧입은 채, 위험하지 않을 정도로만 달에 접근하리라. 그러고는 달을 관측하리라. 알아볼 수 있는 것이라면 하나도 빠짐 없이 조사하리라. 달과의 대면은 아름다우리라. 달의 신비로운 뒷편도 두 눈으로 목도하리라. 비록 머물다 오는 여행이 아니라 '찍고' 돌아오는 여행이지만, 시야에서 아무것도 놓치지 않으리라. 빠리의 에펠탑 앞에서처럼 능숙한 포즈로 사진도 수십 장 찍어 남기리라.

그러나 세 명의 우주비행사에게 이번 비행이 무엇보다 설레었던 점은 바로 크리스마스를 달에서 보내게 된다는 사실이었다. 여기서 잠시, 3년 뒤 아폴로 15호의 우주비행사가 된 제임스 어윈의 고백을 빌려와보자.

"달을 주행하면서, 나는 우주에 가득 찬 하느님의 임재를 체험했다."

예수 그리스도의 탄생일에 그러한 임재의 체험을 만끽한다는 것은 어떠한 두려움과 피로를 감수해도 좋을 만한 일이었다. 말하자면 그것은 생명의 성스러움과 인간의 존엄성에 관한 경험이었던 것이다.

그런데 문제가 하나 있었다. 세 우주비행사 가운데서도 특히나 프랭크 보먼 선장은 로맨틱한 사나이였다. 우주비행사가 된 이후로 언제나 그를 괴롭혀온 것은 기록에 대한 갈증이었다. 우주에 진입하는 순간의 벅찬 감격을 일기로 남기고 싶었고, 우주에서 맺어진 비현실적인 우정을 축하하기 위하여 동료들에게 즉석 크리스마스 카드도 써주고 싶었다. 하지만 무중력 상태에서는 어떤 펜으로도 글씨를 쓸 수가 없었던 것이다. 포탄이 날아드는 전장에서도, 진흙을 묻혀서든 선지피를 묻혀서든 연인에게 띄우는 마지막 편지 한 장쯤은 쓸 수 있는 법 아니던가? 그런데 우주선은 먼지 한 톨까지도 지구에서와는 다른 방식으로 통제되는 공간이었고, 크리스마스에조차 그러한 낭만이 허락되지 않았다. 이 사실은 미군 전투기 조종사 출신의 프랭크 보먼에게 확실히 심각한 불만이었다. 그가 생각하기에 우주비행이란 여전히 전쟁의 일종이었기 때문이다. 게다가 이 전쟁으로 말할 것 같으면 그야말로 전세계적인 낭만 전쟁이 아닌가! 그러니 이 전쟁터에서 일기도 편지도 쓸 수 없다면 총알 없이 싸우는 거나 마찬가지였다.

미 항공우주국(NASA)이 때마침 우주공간에서도 쓸 수 있는 볼펜을 개발한 것은 프랭크 보먼에게는 매우 시의적절한 선물이었다. 스페이스 펜(Space Pen)은 잉크가 든 대롱 뒤에 작은 압축공기 탱크를 달아, 중력 대신 공기의 압력이 잉크를 펜 끝으로 밀어서 글씨를 쓸 수 있도록 고안된 것이었다

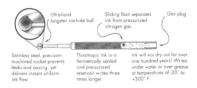

The Fisher Space Pen
Pressurized Ink Capsule

Ultra-hard
tungsten carbide ball

Sliding float separates
ink from pressurized
nitrogen gas.

Gas plug

Stainless steel, precision
machined socket prevents
leaks and oozing, yet
delivers instant uniform
ink flow.

Thixotropic ink in a
hermetically sealed
and pressurized
reservoir writes three
times longer.

Ink will not dry out for over
one hundred years! Writes
under water or over grease
at temperatures of -20° to
+300° F.

Made in U.S.A.

Developed For
NASA

이 만능 볼펜은 평균수명이 100년을 넘고 진공 상태는 물론 어떠한 각도, 어떠한 온도, 어떠한 상황 속에서도 글을 쓸 수 있었다. 물 속에서도, 기름 속에서도, 버터 속에서도.
다음은 이 만능 볼펜의 가치를 신뢰하는 단체 혹은 개인의 명단으로 알려진 목록이다.

NASA
러시아 우주국
썬더버드
FBI
케네디&휴스턴 우주센터
파라마운트
루카스 필름
유니버셜 픽쳐스
뉴욕 현대 미술관
자니 카슨
스미소니언
이병철
ARION 프랑스 우주계획
에베레스트 북면 스키 탐험대
해양연구단체 쿠스토 소사이어티

(이하 생략)

아폴로 8호의 우주비행사들은 스페이스 펜의 도움으로 크리스마스 카드뿐 아니라 달 표면에 관한 꼼꼼한 조사 기록 역시 남길 수 있었다. 그 기록은 NASA의 달 착륙 프로젝트에 지대한 도움을 주었고, 이듬해 닐 암스트롱이 달에 직접 발을 딛는 감격의 장면을 만드는 데에 중요한 역할을 했다.

이제 독자들은 이해가 갈 것이다. 미국과 소련이 우주 경쟁에 열을 올리고 있는 동안, 한국에서는 왜 우주를 향한 한 조각의 꿈조차 꾸지 않았는지. 당시 우리에게는 스페이스 펜 비슷한 것조차 없었던 것이다. 설사 스페이스 펜이 있었다 한들, 그것을 쓸 만한 시간도 없었다. 60년대 후반 경제개발 5개년 계획과 함께 빠른 속도로 보릿고개에서 벗어나면서, 사람들은 그 속도감을 유지하기 위하여 대부분의 시간을 바쁘게 보내는 중이었다. 앞만 보고 달리는 근면 성실한 삶. '한강의 기적'은 홍해를 쩍 가른 모세의 기적과는 달리 시간의 축적을 필요로 하는 기적이었다. 정확히 표현하자면 놀라운 기적의 시간이 아니라, 놀라운 안간힘의 시간이었던 것이다.

그러니 한가하게 우주의 품에 안겨 인간의 존엄성에 관해 사색할 만한 시간이 있었을 리 없다. 물론, 그렇다고 해서 한국에 낭만이 전혀 없었던 것은 아니다. 스페이스 펜은 없었지만, 대신 우리에게는 모나미 153 볼펜이 있었던 것이다. 알다시피 모나미 153 볼펜은 학교에서도 직장에서도 선풍적인 인기를 구가하는 중이었다. 그리고 사람들은 공부를 하거나 서류를 작성하는 용도 외에도 이 볼펜을 근면 성실한 태도로 사용하는 법을 터득하게 되었고, 개중에는 아쉬우나마 낭만의 용법이라고 부를 만한 것들도 있었다.

미국의 어린이들이 아폴로 시리즈를 1만분의 1로 축소해서 만든 미니어처 우주선 장난감에 열광하는 동안, 한국의 어린이들은 위문편지를 썼다. 베트남전쟁이 장기화되면서 수많은 한국 군인들이 파견되어 떠났고, 위문편지의 수도 늘어만 갔다. 나라를 위해, 돈을 벌기 위해, 베트콩을 때려잡기 위해 타국으로 떠난 군인 아저씨들. 그들에게 부치는 편지의 대부분은 "용감하고 씩씩한 군인 아저씨께"로 시작해서 "나라를 위해 싸워주셔서 감사합니다."로 끝났다. 실은 어느 나라를 위해 싸우는지도 몰랐지만, 그들을 향한 애틋한 마음과 존경심은 금세 흐릿하게 번져버리는 연필로는 전할 수 없는 감정이었다.

또 한편에는, 밤마다 미지의 얼굴을 상상하면서 열심히 볼펜끝을 가다듬는 처녀 총각들이 있었다. 바야흐로 펜팔의 유행이 도시든 시골이든 가리지 않고 휩쓸고 있는 중이었다. 푸시킨이나 키에르케고르의 시를 인용하면서, 그들은 최대한 모던한 필체를 내기 위해 노력했다. 납작하게 말려 붙인 세잎 클로버와 함께, 모나미 153 볼펜은 한국의 지상에서 낭만전에 몰두하는 청춘들에게 훌륭한 무기로 쓰였다. 이들이 하늘로 관심을 돌린 것은 한참 뒤의 일이다. 그러고 보면, 한국이 쏘아 올린 최초의 인공위성인 우리별 1호가 발사된 시점이 때마침 모나미 153 볼펜이 단종된 1992년이었다는 사실도 우연이라 고만 볼 수는 없을 것이다.

(떠도는 이야기)

어느 날, 프랭크 보먼이 소련 우주비행사를 만났다. 그는 스페이스
펜을 꺼내 들고 넌지시 물어보았다.
"1백20만 달러를 들여 개발한 펜입니다. 당신들은 우주공간에서 뭘
 로 기록을 합니까?"
프랭크 보먼을 잠자코 바라보던 소련 우주비행사가 대답했다.
"우린 연필로 씁니다."
프랭크 보먼은 당황했지만 내색하지 않고 의미심장한 미소를 띠며
말했다.
"당신들은 낭만을 아는 자들이오."
이번에는 소련 우주비행사가 질문했다.
"정말로 그 펜으로는 무중력 상태에서도 기록이 가능합니까?"
프랭크 보먼이 대답했다.
"그렇습니다. 우주 어디에서든지요."
그리고 만족스러운 기분 끝에 프랭크 보먼은 덧붙여 말했다.
"우주 어디에서든 기록할 수 있을 뿐 아니라 우주에 관한 무엇이든
 우리는 기록할 수 있지요. 그게 진짜든 가짜든 말예요."

(찢겨진 채 발견된 연애편지의 뒷부분)

그러니 어쩔 수 없는 일.
오 마이 디얼 로벨,
지구에서 아니라면 우주에서라도
이 생이 아니면 다음 생에서라도

그러나 로벨,
화씨 73도와 60데시벨의 광막한 우주선 속에서도
이 촉촉한 감촉의 펜을 통해서만은
당신을 영원히 사랑할 수 있을 거요.
나는 지금 이 순간 이루지 못할 것이 없다오.

진보와 끼인각

1970년, 모나미 153 볼펜은 새마을운동의 미덕이 되었다.

모나미 153 볼펜의 하얀 몸통으로 말하자면 무엇보다도 대상을 '좀 더 길게' 만들어주는 능력이 탁월했다.

어머니들은 아이의 몽당연필 뒤에 모나미 153을 꽂아주었다. 아버지들도 모나미 153을 애용했다. 때로는 구두 주걱으로, 때로는 구멍가게에서 사탕을 훔친 아들의 손바닥을 때리는 회초리로.

그 시절에는 땅을 더 깊이 파고, 펜스를 더 길게 잇고, 길을 더 매끈하게 연결하고, 다 쓴 속옷을 잘라 헝겊을 최대한 조각조각 이어 붙이는 것이 미덕이었다.

70년대 말의 볼펜은 자신의 기능에 집중하기보다는 본연의 기능을 소거함으로써 대상의 기능을 확장시키는 쪽에 능력을 발휘했다.

이러한 기능을 가장 정확하게 사용할 줄 알았던 사람은 버스 운전기사들이었다. 경기도 안산시에서 경원여객 시내버스를 모는 이재만 씨는 모나미의 '길게 만드는' 능력을 버스에 적용시킨 최초의 운전수였다.

당시 한국 사회는 허리띠를 아무리 졸라매도 체형이 서구화되는 것을 막을 수 없었고, 버스에서 승객을 승하차시키기 위해 도어를 열고 닫는 레버는 당시 표준 앉은키였던 이재만 씨에게도 너무 짧게 느껴졌다.

이재만 씨로 말하자면 경북 경주 출생으로 원래는 타고난 농사꾼이었다. 이런 말이 가능하다면, 농사꾼이라기보다는 과수꾼이라고 불러야 적합할 그런 사람이었다. 반평생을 나무 아래서 일한 사람의 허리를 본 일이 있다면 알 수 있을 것이다. 발레리나의 목선보다 곧고 나무둥치처럼 탄탄한 허리가 어떤 것인지를. 그것은 태양과 흙의 공평한 사랑을 받은 자에게만 가능한 허리였다.

1972년 이재만 씨는 경북 경주시 건천읍 화진 3리 수옥 마을, 자신의 90평짜리 과수원을 떠나 도시로 왔다. 6월, 앵두가 제철이었다. 새빨갛게 익어가는 앵두의 군락을 등지고 떠나온 이재만 씨의 아름다운 허리가 작업 환경과 이루는 각도는 사소한 변화를 거치고 있었다.

고민 끝에 이재만 씨는 모나미 153 볼펜의 몸통을 레버에 끼워 자신의 체형에 맞추어 길이를 편리하게 조정했다. 이제는 버스가 멈출 때마다 과도하게 허리를 굽히지 않아도 되었다. 인상을 구기지 않고 손님들을 태울 수 있다는 것은 양쪽 모두에게 행운이었다.

이재만 씨는 이렇게 말하곤 했다.

"세상을 바꾸는 건 어려워도, 내 손안의 세상은 조금만 노력하면 아름답게 바꿀 수 있죠."

모나미와 버스의 행복한 조합은 도심의 운전사들 사이에 유행처럼 번져나갔다. 채 1년이 지나지 않아 도심의 모든 시내버스들이 모나미 153 볼펜을 한 자루씩 구비한 채 달리게 되었다.

그러나 이재만 씨가 앵두 가지를 균형 있게 묶어주던 손재주로 모나미 153 볼펜의 끝부분을 깎아 끼워 넣었던 버스 도어 개폐 레버는, 몇 년 후 버스 부품 개발을 통해 다음과 같은 도어 개폐용 가변식 자동 레버로 진일보되었다.

그것은 팔을 뻗어 밀고 당기지 않아도, 새끼손가락 하나로 슬쩍 누르기만 해도 자동으로 조작되는 편리한 도구였다.
이재만 씨의 허리는 한 번 더 변화하게 된다.

그런데 이상하게도 이 편리한 레버를 볼 때마다, 이재만 씨는 쓸쓸한 느낌에 사로잡히는 것이었다. 그것은, 이제 더 이상 세상이 손안에 있지 않은 것 같은, 그런 이상한 느낌이었다고 한다.

이재만 씨가 보여주는 감상적 면모는 인류가 역사 속에서 이미 수백번 겪어온 것이다. 수많은 과학기술 발명품이 우리의 일상을 바꾸었다. 몇 가지 예를 들어보자.
깡통따개는 1870년에 특허를 얻었다.
옷핀은 1849년에 발명되었다.
재봉틀은 1851년에 개발되었다.
타자기는 1867년에 발명되었다.

그러나 아주 오랜 시간이 흐른 뒤에도 손과 사물 사이의 각도에 관하여 고집을 부리는 사람들이 있는 것 같다.

역사학자이면서 소설가였던 이균영은 1996년 11월 26일 새벽의 이태원 거리에서 택시 충돌 사고로 사망하던 순간에 자신의 가방을 꼬옥 끌어안고 있었다고 전해진다. 가방 속에는 볼펜으로 깨알같이 눌러쓴 원고지 1천 2백장 분량의 육필 원고가 들어 있었다. 현대의 작가들은 모니터 위에서 깜빡이는 커서를 보며 영감을 얻는다지만, 여전히 어떤 사람들은 원고지 여백에 볼펜똥을 닦으며 영감을 얻는다. 그럴 때 볼펜똥으로부터 뻗어 나간 언어와 사람 사이의 각도는 몇 도인 것일까.

"아버지!"

나는 아버지의 손에서 팔목을 빼내며 말했다.

"저는 어디론가 가고 싶어요."

아버지는 놀란 얼굴을 하였다.

"어딜 말이냐?"

"아주 멀리요."

"글쎄 그곳이 어디냐?"

"저도 몰라요."

아버지는 나를 이상한 눈으로 바라보았다. 선생님도 아이들도 나를 이상한 눈으로 바라보았었다. 선생님이나 아이들은 상관없지만 아버지를 놀라게 하는 것은 마음에 걸렸다.

"미국이냐?"

나는 아무 말도 못 했다.

"불란서냐?"

나는 아무 말도 못 했다.

"그럼 남극이냐 북극이냐 말을 해봐라. 답답하구나."

"아버지 그건 저도 몰라요. 아버지 여름 밤이면 평상에서 저녁을 먹고 강냉이를 뜯으면서 할머니의 옛날 이야기를 들었지요. 그러다 우리는 길게 꼬리를 끌고 떨어지는 운석을 보았어요. 우리는 그 떨어진 곳이 무슨 산 너머다, 무슨 동네 앞이다, 무슨 강변이다 하고 짐작대로 말하곤 했어요. 그러나 아버지 그것은 우리가 어렸을 때 눈에 보이는 대로 말했을 뿐이지 사실 그 운석이 떨어진 곳은 아무도 몰라요. 아무도 알 수 없어요."

……

아버지는 묵묵히 내 말을 들었다. 아버지는 무엇인가 나를 눈치채기
위하여 애쓰고 있었다.

"그리고 아버지 그때 또 우리는 인공위성이 별들 사이를 헤치며 돌고
있는 것을 보았어요. 아버지도 보셨지요?"

아버지는 고개를 끄덕였다.

"우리는 그 인공위성의 위치를 가리켜 저 별의 곁이다, 저 별의 밑이
다, 저 별의 위다, 혹은 무슨 산 위다, 무슨 강 위다, 무슨 동네 위다
하고 말하곤 했어요. 그러나 아버지 그것은 우리가 어려서 눈에 보이
는 대로 말했을 뿐이지 사실 그 인공위성이 떠 있는 위치는 아무도
몰랐어요. 아무도 알 수 없었어요."

아버지는 이제 아무 말도 하지 않았다.

- 이균영, 「멀리 있는 빛」 중에서

칼과 펜

말이 나왔으니 짚고 넘어가자면, 소설가의 육필 원고에 대해서는 1978년의 조세희 작가를 빼놓고 얘기할 수가 없다.

"내가 취재했던 어느 철거민의 집을 찾았을 때였습니다. 마침 식사 때가 되어서 그분들이 끓여서 내온 국과 함께 밥을 먹고 있는데, 쿵 하고 철퇴가 내려쳐지는 거예요. 그때 가슴이 얼마나 뛰었었는지 말할 수도 없지요. 그 때는 여러분도 그 현장에 있었더라면, 투사가 아니라도 나가서 멱살을 잡고 싸우게 될 겁니다. 그 와중에 저도 할 수 없이 동네 사람의 일부가 되어서 함께 철거반원들에 맞서서 싸웠지요. 취재를 마치고 돌아오던 길에 내가 다니던 잡지사 부근의 문방구에 들러 모나미 볼펜 한 자루와 작은 노트 한 권을 샀습니다. 그것이 내가 쓴「난쟁이가 쏘아 올린 작은 공」의 시작이었습니다."

볼펜 한 자루로 시작했지만 이 소설은 30년에 걸쳐 백만 부 이상 출판되었고 유명한 학생필독도서가 되었다. 그런데 세 차례 강산이 바뀌고 백만 명의 독자가 이 책을 읽는 동안에도 변하지 않는 사실이 존재했다. 작가 스스로도 전혀 짐작하지 못했던 사실인데, 난쟁이가 그 후 도무지 늙지를 않는다는 사실이다. 난쟁이가 쏘아 올린 공은 아직까지 기나긴 굴뚝으로부터 빠져나가지 못한 채 검댕 속을 맴돌고 있고, 소설 속 영희와 영호는 계속해서 똑같은 대화를 되풀이해야만 한다. 가령 다음과 같은 대화.

> "중요한 건 현재야."
> 영호의 말이었다.
> "큰오빠."
> 영희는 말했다.
> "우리는 어느 쪽에 가깝지?"
> "뭐라구?"
> "그들의 백육십 년 전 상태에 가까워,
> 아니면 현재의 상태에 가까워?"

뫼비우스의 띠처럼 시간의 회로가 어디선가부터 꼬여버린 것이 아니라면, 인류는 같은 장면을 반복해서 경험하는 거대한 차원의 데자뷰를 공통으로 경험하고 있는 것일 수도 있다. 이 사실은 일종의 역사적 비극일 뿐만 아니라 쓴다는 행위의 아름다움을 손상시키는 문학적 비극이기도 하다.

조세희 작가는 소외계층의 문제를 파헤친 이 소설로 제13회 동인문학상을 수상했고, 모나미 볼펜은 그 이름에 걸맞게도 문학의 오랜 친구라는 차원에서 공로를 인정받아 제4회 예술 참여문구상을 수상했다.

상 장

제 4회 예술참여문구상

성명 모나미 153

위 문구용품은 1963년 출시 이래로
수많은 작가들의 사랑을 받으면서 훌
륭한 문학작품을 생산하는 데 기여한
바가 크므로 이 상을 수여합니다.

1979년 11월 7일

문구진흥위원회장 안대식

94

그러나 도시의 틈바구니에 숨겨진 철거 지역에서 자그마한 울음소리가 들려올 때마다 모나미 볼펜은 고통스러웠다. 급기야 2009년 1월 용산 시위 현장에서 철거민 다섯 명이 목숨을 잃던 날, 모나미 볼펜은 자신의 몸을 분질러버리고 싶은 충동에 휩싸였다.

모나미 볼펜의 입장에서는 그럴 법도 한 것이, 제 몸으로 한 번 써낸 끔찍한 이야기를 수십 년 동안 반복해서 다시 쓰는 환각에 사로잡히는 것이야말로 거부하고 싶은 고통 중의 고통이었던 것이다. 그것은 한낱 문구용품에게 감당을 요구하기에는 너무나 벅찬 일이 아닐까?

이런 이야기가 있다.

깡마르고 수염을 길게 늘어뜨린
노인 하나가
작은 섬에서 소리를 크게 지르면서
손을 절박하게 흔들어대는 모습을
여객선 위에서 모든 승객들이
바라보고 있었다.
한 승객이 선장에게 물었다.
"저 섬에 있는 사람은 누구죠?"
선장이 대답했다.
"모르겠어요, 누군지. 하지만 매년
우리가 여길 지나가기만 하면
저렇게 미친 듯이 날뛰네요."

'펜은 칼보다 강하다'는 말을 더 이상 믿는 사람이 없다면, 그
말은 '칼의 시간을 펜으로 견딘다'는 소설가의 표현을 빌려 와
수정하는 것이 나을지도 모르겠다. 우리는 지쳐가는 펜과 함
께 견디는 사람들 덕분에, 생활 전체가 죄인 우리 자신을 쉽게
용서해버리지 않을 수 있다.

사랑은

1987년, 인기 가수 전영록은 한 곡의 아름다운 노래를 불러 대 히트를 쳤다. 볼펜에 대비되는 연필의 효용성을 노래하는 곡이었다.

> 꿈으로 가득한 설레이는 이 가슴에
> 사랑을 쓰려거든 연필로 쓰세요
> 사랑을 쓰다가 쓰다가 틀리면
> 지우개로 깨끗이 지워야 하니까
> 처음부터 너무 진한 잉크로 사랑을 쓴다면
> 지우기가 너무너무 어렵잖아요
> 사랑은 연필로 쓰세요

이 노래가 암시하는 바는 분명하다. 바로 인간의 편집욕. 사랑이라는 수정 불가능한 감정에 휩쓸리지 않기 위해서 인간은 사랑을 즉물적으로 체험하는 대신 분절적으로 사유화하고 그 감각의 증후를 끊임없이 수정하고자 하는 독특한 철학적 기반을 다지게 되었다는 사실이다.

이후로도 사람들은 사랑에 대하여 끊임 없이 고쳐 썼다.

사랑은

유리같은 것

받는 것이 아니라면서

언제나 목마르다

향기를 남기고

창밖에 빗물 같아요

달콤해

아무나 하나?

가슴이 시킨다

무죄다

아프다

차가운 유혹

장난이 아니야

언제나 그 자리에

나비인가봐

눈물인가봐

끝났어

토요일 밤에

블루

생명의 꽃

눈물의 씨앗

기러기

영원히

구라파에서

세상의 반

미친 짓이다

죽었다

미지수

나 혼자 했나

부메랑

거짓말쟁이

이제 그만

......

그러나 전영록이 미처 몰랐던 사실은, 진한 잉크로 쓴다고 해서 그 문자의 실체가 본래 의미 그대로 붙박혀 있기만 하는 것도 아니라는 점이었다.

볼펜의 자랑스러운 제1속성은 누가 뭐래도 '지워지지 않음', 즉 '수정 불가능성'이다. 이 속성 덕분에 볼펜은 오랜 세월 동안 연필보다 더 공적이고 객관적인 필기구의 위치를 점할 수 있었다. 하지만 때로 인간의 편집욕은 이 속성을 무용지물로 만들기도 한다. 그 사례를 우리는 1991년의 어느 재판에서 찾을 수 있다. 사건의 전말은 다음과 같다.

조작의 기술

4월, A가 경찰의 쇠파이프에 맞아 숨졌다.

분노와 항의의 분신 릴레이가 시작되었다. B가 몸에 신나를 뿌리고 불을 붙였다. C가, D가, E, F, G, H, I, J, K가 계속해서 목숨을 던졌다. 어느 날, 또 한 명의 K인 김기설 군이 옥상으로 올라갔다. 김기설 군의 머릿속에서는 〈황무지〉라는 대서사시의 도입부 몇 줄이 떠나지 않고 있었다.

한번은 쿠마에서 나도 그 무녀가 조롱 속에
매달려 있는 것을 직접 보았다.
아이들이 '무녀야, 넌 뭘 원하니?' 물었을 때 그녀는 대답했다.
"죽고 싶어."

그다음 1부의 첫구절은 우리가 알고 있는 다음과 같은 구절이다.

4월은 가장 잔인한 달
죽은 땅에서 라일락을 키워내고
기억과 욕망을 뒤섞고
잠든 뿌리를 봄비로 뒤흔든다.
겨울은 오히려 따뜻했다.

불붙은 몸을 허공으로 던진 뒤, 옥상에 남아 있는 그의 윗도리 주머니에는 한 통의 유서만 남아 있었다.

국립과학수사연구소는 이 유서의 필적을 면밀히 조사했다. 유서의 필적이 김기설 군의 것이 아니라는 의혹이 제기되었기 때문이다. 그런데 당시 사건을 맡은 필적감정가들이 기억과 욕망을 뒤섞는 과정을 보면 아마도 그들 역시 〈황무지〉를 읽었으리라는 생각을 하게 된다. 수일에 걸쳐 김기설 군의 주변 인물들을 조사한 끝에 유서의 필적은 또 다른 한 명의 K인 동료 강기훈 군의 것으로 결론지어졌다.

국립과학수사연구소는 ❶이 ❸보다 ❷와 더 흡사하다고 주장했다.

유서	강기훈 진술서	김기설의 전대협 노...

❶   ❷   ❸

볼펜으로 꾹꾹 눌러쓴 진한 잉크 자국도 '팥을 보고 콩이라고 우기기'와 '증인들 눈에도 콩으로 보인다고 설득시키기'라는 집요한 조작의 기술 앞에서는 무력하기만 했다.

강기훈 군에게는 자살방조죄가 적용되었고 이 사건으로 운동권은 동료의 죽음을 조장하는 비도덕적이고 악마적인 세력으로 지탄을 받았다.

어떤 면에서 이 이야기가 주는 교훈은 〈사랑은 연필로 쓰세요〉의 교훈보다 낭만적으로 들리기도 한다. 권력이라는 신비의 지우개는 볼펜 아닌 어떤 것으로 쓰여진 단단한 진실도 지울 수 있다는 사실 앞에서, 강기훈 군이 취할 수 있는 마지막 액션은 세월이 흘러 사람들이 진실을 알아봐주기를 간절히 기다리는 것밖에 없었던 것이다.

이 조작 사건은 진실 화해를 위한 과거사 정리위원회에 의해 인권이 부당하게 침해된 사건으로 규정되었고, 2015년에야 재심 끝에 무죄 선고를 받았다. 사건으로부터 24년이 흐른 뒤였다.

19세기 말, 외부로 유출된 문서와 비슷한 필체를 가졌다며 무고한 유대인 대위 드레퓌스에게 간첩 혐의를 뒤집어씌워 종신형을 선고했던 프랑스 군부는, 드레퓌스 대위의 무죄와 군부의 증거 위조를 사건 후 100년 만에야 공식적으로 인정했다.

중세시대에 '지구가 돈다'고 말하는 사람들을 마녀사냥했던 교회가 잘못을 공식적으로 표명한 것은 1992년이었다. 지구가 태양 주위를 돈다는 사실을 인정하는 데에만 300년 이상의 시간이 걸렸다.

진실을 인정하는 데에 소요되는 시간이 점점 짧아지고 있다는 사실은 그나마 우리가 누려도 좋을 작은 기쁨일까? 그러나 한 가지만 두고두고 기억하자. 지워지지 않는다고 해서 잉크가 언제나 진실을 보장해주는 것은 아니다. 그것이 진실인 한, 우리는 늘 그것을 믿을 수 없는 허공 위에다 쓰고 있는 것이다.

맥거핀

어느 날 두 사람이 열차 안에서 대화를 나누고 있었다.

한 사람이 선반 위에 있는 것이 무엇이냐고 물었다.

"모나미입니다."

"그럼 모나미는 무엇입니까?"

"서울시 성북구 석관동에서 사자를 잡는 도구입니다."

"서울시 성북구 석관동에는 사자가 없는데요."

"그래요? 그럼 모나미는 아무것도 아니군요."

VI. 모나미 153 볼펜은
왜 단종되었나?

다들 알다시피, 모나미 153 볼펜은 1992년 단종되었다. 결정적으로는 몽블랑 만년필이 대중화되어 국민펜으로 자리 잡으면서 불가피하게 결정된 일이지만, 단순히 몽블랑 만년필의 탓으로만 돌릴 수는 없다. 또한 반짝이는 니켈 도금에 매혹되어 옛 친구를 잊어버린 속물주의의 탓으로 돌리는 것도 온당치는 못하다.

상대적으로 덜 알려진 사실은, 모나미 153 볼펜이 1980년대에 들어와 1992년에 이르기까지 이미 여러 차례 단종 위기를 겪어왔다는 사실이다. 그 기간 동안 모나미 153 볼펜의 존재를 뒤흔든 결정적인 사건을 크게 네 가지로 간추릴 수 있다. 이 사건들을 살펴보는 것은, 모나미 153 볼펜의 역사를 복기하는 데 있어 무엇보다 중요한 일인지도 모른다.

단종이란 사실 매우 현대적인 용어다. 우리가 제품의 완전한 판매 중단이라는 의미에서 사용하고 있는 그 단어는 사전에 수록된 지 얼마 되지도 않았다. 이 단어는 원래 정관이나 자궁관의 일부를 절제하거나 막아서, 또는 생식소에 엑스선을 쐬어 생식 능력을 없애는 일을 뜻했다. 즉, 거세의 뜻을 내포하고 있는 것이다. 사전을 보면 '악성 유전형질을 없애거나 야생동물의 지나친 번식을 막기 위해서 행한다'는 설명도 덧붙여져 있다. 사물에게 적용된 용어로 넘어와서 생각해보면, 품절과 달리 단종은 수요와 공급의 그래프와는 무관하게 계획적으로 이루어지는 일이다. 그 과정에서 많은 여건들이 영향을 미친다. 많은 요소들이 고려되고 중첩되며 소멸되고 증식된다.

따라서 여기에 관한 이야기는 하는 사람이나 듣는 사람이나 아주 섬세한 집중력을 필요로 한다. 우리는 언제라도 '유희의 기술' 챕터로 돌아가 우리 자신을 진정한 호모루덴스의 자손으로 정의 내리는 것으로 마침표를 찍을 수도 있다. 혹은, 지금 여기서 모나미를 회상하고 있는 우리의 세계가 단종이라는 표현의 고향인 동물의 세계와 과연 어느 정도의 거리를 갖고 있는 것인가 생각해볼 수도 있을 것이다.

첫 번째 사례

사람들은 흔히 60년대의 젊은이들을 6.3 세대, 4.19 세대로
규정짓곤 한다. 그에 반해 70년대의 젊은이들을 특별히 대변
하는 날짜는 없다. 대신 그 시대의 청년문화는 통기타, 생맥
주, 블루진, 세 개의 물건으로 대변된다.
바야흐로 사물이 스스로 냄새를 풍기는 시대가 도래한 것이
다. 물론 그렇게 믿는 것은 사물 쪽이 아니라 사람 쪽이지만,
어쨌든 물건들은 스스로 자기 정체성을 증명하기 시작했다.
모든 물건이 자기만의 독특한 철학, 즉 다른 물건이 따라잡을
수 없는 유일무이한 물건으로서의 신념 같은 것을 가지기 시
작한 것처럼 보였다.

70년대 후반에서 80년대로 넘어가는 시기는 참신한 물건들
이 우후죽순으로 등장한 시기였다. 그러나 동시에 많은 물건
들이 존재의 가치를 겨우 조금 입증하자마자 역사의 뒤안길
로 사라져버렸다. 우리의 추억 속에 어렴풋이 남아 있는 주홍
색 공중전화, 목욕탕 등밀이기계, 007 소주 등은 각기 나름의
이유에서 미풍양속을 해치는 품목으로 규정되었다. (주홍색은
음란 장난전화를 유발한다. 등밀이기계는 육체노동의 참의미
를 변태적으로 훼손한다. 007 소주의 이름은 비밀스러운 신

분에 대한 동경을 조장한다. 모두 곰곰이 생각해본다면 납득할 수 있을 법한 이유들이다.)

탄압의 대상이기보다는 관심의 대상이 되는 경우도 있었다. 한 예로 64년 출시되어 어린이들의 사랑을 한몸에 받은 바나나 우유는 그 모양이 UFO의 형상을 연상케 한다는 이유로 미확인비행물체 연구단체의 집요한 추적을 받기도 했다.

모나미에게는 아무런 잘못도 없었다. 어떠한 궤변의 낌새도, 저항의 기질도 보이지 않는 건전한 사물로 간주될 만했다. 모나미가 꼭 한 가지 속죄해야 할 점이 있다면, 그건 바로 모나미의 몸통이 육각형이라는 사실이었다.

[육각형]

사실 육각형의 형태를 가진 물체는 모나미 153 볼펜 말고도
많다. 볼트와 너트의 둘레가 육각형이고, 축구공을 이루고 있
는 패치도 절반은 육각형이며, 호랑가시나무의 잎사귀 역시
은근한 육각형 모양을 하고 있다. 무엇보다도, 모나미 153 볼
펜 자루의 육각 모서리는 연필의 익숙한 형태로부터 빌려 온
것에 불과하지 않은가?
문제의 발단은 모나미 153 볼펜의 CM송이었다.

내 친구 모나미
모두의 친구야
굴러라 굴러라
여섯 개의 모서리로
새까만 밤에도
반짝반짝 아침에도
멈출 수 없어요
영원한 친구

내 친구 모나미
예쁜 꿈 새겨요
오늘은 벙어리
내일은 마술사
눈물이 방울져도
별이 펄럭거릴 때도
얘기를 해줘요
영원한 친구

부러지지 않는 수수깡처럼
사선으로 자라는 뿔처럼
내 친구 모나미
영원한 친구

♬

어떤 사람들은, 이 노랫말이 고대로부터 은밀히 전해져 내려오던 육각형의 신비화를 조장할 위험이 있다는 점이 문제였을 거라고 진단했다.

또 어떤 사람들은, 노랫말의 화자가 누구인지 도무지 알 수 없다는 점이 수상쩍다고 말했다.

사각형: 안정감의 문제로 말할 것 같으면 하늘과 땅, 좌우를 단단하게 받치고 선 네 개의 변이야말로 최선의 선택입니다.

오각형: 최선이라고 했나? 이제 더 이상 최선을 논할 수 있는 시대가 아니라는 걸 당신들도 알고 있을 텐데. 차선의 숫자는 5라네. 프랑스와 같은 선진국가가 오각형의 국토 모양을 유지하고 있는 걸 보게.

육각형: 오각형으로는 동일한 점을 둘러싼 빈틈없는 공간을 만들 수가 없어요. 집단생활을 하는 동물들 중에서 꿀벌들은 신기하게도 정육각형으로 집을 짓죠.

일벌 ①: 저기요. 우리는 육각형으로 만들려고 한 적이 없는데요? 원통형으로 만들어 붙이는데 밀랍의 표면장력 때문에 당겨져서 자꾸 육각형이 되는 거라고요.

육각형: 의도가 어쨌든 결과가 좋으면 되는 것 아닙니까?

사각형: 결론이 뭡니까? 많은 꿀을 저장하기 위해서예요, 아니면 완벽한 집을 만들기 위해서예요?

일벌 ②: 글쎄, 전 잘 모르겠어요. 여왕벌이 시켜서 한 일이라.

어쨌든,

현실 저편의 완전한 세계를 열망한다는 것은 '근면 성실 자주 협력'의 세계관 속에서는 불순한 환상에 속하는 것이었다.

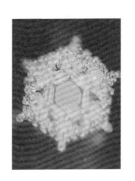

그러나 실제로 모나미 153 볼펜의 육각형 몸통이 이미 세상에 존재해온 여타의 육각형 구조들처럼 조화로운 우주 에너지를 담는 공간이라고 굳게 믿는 사람은 아무도 없었다. 대신 어떤 사람들에 의하여 아주 새로운 종류의 믿음이 생겨났다. 모나미가 유대인 이후 헥사그램을 자유의 상징으로 쓰고자 하는 또 다른 세력이라는 것이다.

이 CM송의 노랫말을 지은 김정환 시인은 어느 일간지와의 인터뷰에서 다음과 같은 심경을 토로했다. "모나미송이 문구류 CM송 치고 다분히 난해하고 초현실적인 냄새를 풍기는 것은 사실이다. 그것은 행간의 자리를 확보하고픈 시적 열망에서였다. 그러나 이 노래에서 '여섯 개의 모서리'와 '별'이라는 단어의 조합을 통해 '다윗의 별'을 연상한다는 것은 지나친 확대해석이 아닐 수 없다."

옛 유대인들은 헥사그램 문양으로 악마를 쫓아내고 나쁜 힘으로부터 자신들을 보호할 수 있다고 믿었다.

하지만 육각형의 영험한 힘은 헛소문임이 이미 두 번이나 판명되었다. 나치 시절 유대인들은 노란 다윗의 별 문양을 한쪽 팔에 찬 채로 게토에 갇혀 살아야 했고, 1980년 5월의 광주 사람들은 누구나 필통 속에 육각형의 모나미 볼펜을 지니고 있었지만 거리에서 군홧발에 짓밟힐 때 누구의 도움도 받지 못했다.

이 CM송이 마지막으로 전파를 타고 흘러나온 1980년 5월로부터 10년의 세월이 흘렀을 때, 김정환 시인은 한숨을 내쉬며 다음과 같은 시를 썼다고 한다.

> 생애를 위해 죽다....... 이 동어반복은 영원의
> 가상현실보다 위대하다. 광경은 언제나 지금의
> 광경으로 겹쳐진다. 음악이 흐르면 생애는 또한
> 영원에 겹쳐진다. 육체가 흐르고 육체의
> 다중성이 흐르고 이상하지 음악은 제 혼자 흐르고
> 그 안에 나의, 역사의 모든 광경이 묻어난다.

두 번째 사례

[잉크와 진딧물]

모나미 153 볼펜의 잉크 성분은 타닌산, 갈산, 황산철로 이루어져 있다. 이 중에서 타닌산은 각종 식물에서 추출할 수 있다. 홍차의 쓴맛도 타닌산 때문이다. 열을 가해 잉크를 분리하면 거무죽죽한 보랏빛으로 가라앉는 성분이 있는데 이것이 바로 타닌산이다. 타닌산에게는 쓴맛을 내는 것 외에도 의미심장한 역할이 있다. 타닌산은 진디의 공격으로부터 식물을 보호할 수 있다. 타닌산이 진디의 입속으로 들어가면 그 안에서 껌처럼 뭉쳐져 진디의 입을 막아버린다. 진디는 입을 벌릴 수 없고, 결국 굶어 죽게 된다.

진디에 대한 연민이 느껴진다면, 잠시 애도의 시간을 갖자. 그러나 이 다음 이야기를 듣는다면 당신은 진디 같은 작고 못생긴 생물 따위는 금방 잊어버리고 말 것이다.

[잉크와 숙이]

숙이는 착하고 밝은 아이였다. 적어도 1968년 2월 11일 여덟 번째 생일 잔치가 끝나기 전까지는.

한 달 뒤 초등학교에 입학할 숙이는 친척들로부터 삼화 공책 열 권, 부엉이 연필 한 다스, 모나미 153 볼펜 한 다스를 선물로 받았다. 숙이네 가정 형편으로는 과분한 선물이었다. 숙이는 어린이여서 행복했다.

그러나 행복은 그날 저녁 산산조각이 나고 말았다. 숙이의 막내 여동생이 불가사의하게 목숨을 잃었기 때문이다. 세 살배기 동생은 저녁밥을 먹고 나서 숙이 옆에서 아장거리며 놀다가 까무룩 잠이 들었다. 아무런 사건도 사고도 없었다. 그런데 아홉 시경 엄마가 잠든 아기를 뒤집어보니 파랗게 질식된 얼굴로 죽어 있는 것이었다.

아기의 입술 주변은 먹빛의 끈끈이풀로 범벅이 되어 있었다. 고사리 같은 손에는 숙이의 모나미 153 볼펜 한 자루가 꼭 쥐어져 있었다.

범인은 모나미 153 볼펜이었다.
소량의 타닌산은 진디 외의 생물에게는 해가 되지 않지만, 적정량을 초과할 경우 사람의 생명을 위협할 수도 있다는 소문

128

이 떠돌기 시작했다. 의문점은 얇디 얇은 볼펜심 속에 투입되는 한정된 잉크 속에 어떻게 다량의 타닌산이 함유될 수 있었을까 하는 점이다. 잉크 제조 기술자들은 물론 과학수사연구소에서도 그 답을 알지 못했다.

다만, 일부 볼펜이 비정상적 타닌산 수치를 보인다는 사실이 확인되었고 그해의 모나미 153 볼펜은 전량 회수 조치되었다.

그러나 그 과다 타닌산 함유 볼펜 일부가 아직도 시중에 남아 있다는 사실을 당시에는 아무도 몰랐다. 게다가 사람들은 생각했다.

'겨우 볼펜 잉크 좀 먹는다고 사람이 죽겠어?'

진디가 아닌 사람을 죽이는 잉크의 공포가 대중에게 다시금 퍼진 것은 20년 뒤의 일이었다.

[잉크와 마유미]

1987년 11월 28일 밤, 이라크의 바그다드를 출발한 대한항공 858기는 아랍에미리트의 수도 아부다비에 기착한 뒤 방콕으로 향발했다. 이 여객기는 11월 29일 14시 1분 미얀마의 벵골만 상공에서 '45분 후 방콕에 도착하겠다. 비행 중 이상 무'라는 보고를 방콕공항에 보낸 것을 끝으로 소식이 끊어졌다. 여객기의 잔해는 24시간 뒤 태국 해안에서 발견되었다. 11월 30일 오후, 858기의 추락이 공식적으로 발표되었다.

12월 1일, 사고 비행기에 가짜 여권을 소지한 일본인이 바그다드에서 탑승한 뒤 중간에 아부다비 공항에서 내렸다는 사실이 밝혀지면서 수사는 급진전되었다.
문제의 일본인은 하치야 마유미.
마유미의 여권은 중간 기착지인 바레인에서 위조임이 발각되었다. 그녀는 일본인이 아니라 한국인이었다. 위조여권 적발로 체포되자 마유미는 볼펜 속에 든 독극물을 삼켜 자살을 시도했다. 그러나 불행인지 다행인지 그녀는 목숨을 잃지는 않았다.

한국으로 신병이 넘겨진 뒤, 사람들의 호기심은 들끓었다. 그녀가 정말 88 서울올림픽 개최 방해를 위해 비행기를 폭파하라는 북한의 공작 명령을 받았는지. 기내 좌석 선반에 라디오와 술병으로 위장한 폭발물을 놓고 내린 게 맞는지. 그러나 가장 무섭게 증폭된 호기심은 정말로 자살을 시도했느냐 아니냐 하는 생존 트릭에 관련해서였다.

당시 테러전문가 김진평 씨는 다음과 같은 글을 남겼다.

마유미가 체포 당시 음독 자살에 성공하지 못한 것은 일반적으로 테러리스트들이 보이는 행동 패턴에 비추어 보았을 때 상당한 미스테리라고 할 수 있다. 우선, 훈련된 테러리스트는 결코 자살을 위한 독극물을 준비할 때 볼펜과 같은 불편한 물건을 이용하지 않는다. 볼펜은 뚜껑을 몸체에서 돌려 빼야만 속에 든 독극물을 꺼낼 수 있으므로 의심을 받게 되었을 시 촌각을 다투어 삼켜야 하는 재빠른 자살용으로는 불리하다. 게다가, 담당 의사의 보고서에 따르면 마유미가 삼켰다고 주장하는 청산가리의 흔적은 볼펜 속 어디에서도 발견되지 않았다. 그녀는 멀쩡한 볼펜을 빨아대고는 나홀간 쓰러졌다 깨어났던 것이다. 도대체 특급 테러리스트가 왜 이런 짓을 하는가?

그러나 담당 의사의 보고서를 면밀히 살펴보면 의혹은 조금 풀린다.

나는 환자가 중태에 빠져 있는 동안 그녀의 건강을 검사하다 신기한 사실을 발견했다. 식도와 위장에서 발견된 이상 물질은 그녀가 흡입한 볼펜 잉크 뿐이었다. 이 볼펜 잉크에는 특별한 독성 물질이 첨가되어 있지 않았다. 다만 타닌산의 수치가 정상을 약간 초과하는 정도였다.

이후 극소수의 학자들에 의하여 비밀리에 연구된 바에 따르면, 이 테러 사건의 유일한 증거물로 남겨진 모나미 153 볼펜 한 자루가 20년 전 회수 조치된 문제의 볼펜 중 하나였을 거라고 한다. 이 볼펜이 어떤 경로로 테러리스트의 손에 들어가게 되었는지는 알 수 없는 일이지만, 볼펜의 귀환으로 인해 타닌산이 살상 무기로 악용될 가능성이 있다는 사실 하나는 밝혀진 셈이다.

그러나 20년 전처럼 일부 볼펜을 회수 조치하는 것으로 끝낼 수는 없을 것 같아 보였다. 수억만 개의 볼펜들 중에서 어느 볼펜이 좀 더 많은 타닌산을 함유하고 있고 어느 볼펜이 적당한 타닌산을 함유하고 있는지, 도대체 어떻게 가려낼 수 있단 말인가? 게다가 마유미의 실패가 증명해주었듯이, 확실하게 치명적인 용량의 타닌산이 들어 있는 볼펜이란 애초에 구별될 수 없는 것이었다.

살상 볼펜에 대한 공포는 이후에도 꽤 오랫동안 한국 사회를 떠돌게 된다. 1997년 IMF 파동이 일어나자 금을 모으거나 식량을 사재기하는 사람들이 많았는데, 출처를 밝히지 않은 제보에 따르면, 가정집의 지하 창고에 어디서 구했는지 모를 모나미 153 볼펜 수만 자루를 쌓아둔 사람도 있었다고 한다. 은밀한 곳에서 폭탄을 제조하듯이, 세상에 대한 불신으로 가득 차서 말이다. 어쨌거나 볼펜을 입에 물고 사람이 죽는 일은 그

뒤로 다시는 일어나지 않았다.

이 사건으로 115명의 사람이 무고한 생명을 잃었다. 마유미는 '역사적 산 증인'으로 사면되었다. 죽기를 각오하는 자는 살고, 살기를 각오하는 자는 죽는다고 했던가?

아니다. 어쩌면 모든 일은 운명의 장난이다. 살고 싶어하는 자와 죽고 싶어하는 자를 구별하는 일은 신에게도 어려운 일일 테니까. 우리는 그저 어쩌다 손에 잡힌 볼펜이 우연이라는 동전의 앞면에 속하는 것일지 뒷면에 속하는 것일지 불안해할 수 있을 뿐이다.

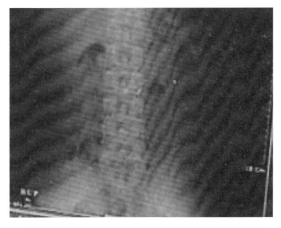

2007년 2월 9일, 음주운전 혐의로 구속되어 강원도 속초경찰서 대용감방에서 수감 중이던 37세 심 모씨는 1심 재판에서 징역 6개월을 선도받고 교도소로 옮겨지기 전날, 모나미 볼펜 열자루를 삼켜 자살을 시도했으나 미수에 그쳤다.

세 번째 사례

[얼굴 없는 예술가]

사람이 볼펜을 입에 물고 죽는 일이 더는 일어나지 않았다고 앞 장에서 썼지만, 그 말은 반은 맞고 반은 틀렸다. 나중에야 밝혀진 사실이지만, 모나미 153 볼펜은 70-80년대 전반에 걸쳐 은밀한 곳에서 사람의 생명을 위협하는 도구로 사용되고 있었다. 이 경우는 잉크에 든 독이 아니라 볼펜 자체가 실제 무기였다.

당시 남영동의 최고 고문기술자로 악명 높던 이근안 씨는 젊은 시절부터 간첩 색출과 정치사범 심문에 특출한 능력을 보였다. 정확히 말하자면 아무나 잡아다 자백을 받아내는 능력이었는데, 덕분에 1979년 청룡봉사상을 수상하기도 했다. 청룡봉사상은 조선일보가 헌신적인 경찰관과 의로운 시민에게 주는 상이다. 다음은 그가 상을 받을 당시 낭독한 수상 소감의 일부다.

"먼저 이런 큰 상을 받게 되어 황송하고 감개무량하다는 말씀을 전하고 싶습니다. 이 상이 우리 사회를 밝히는 등불 같은 사람한테 주는 상이라고 하데요. 등불이라⋯ 지하실의 칠흙같은 어둠 속에 있으면 이상하게 눈이 밝아지는 것을 경험하기는 합니다. 그러다 머릿

속에서 기발한 아이디어들이 번쩍번쩍 떠오르지요."

그는 언제나 검은 가방 하나를 들고 다녔다. 공포로 얼어붙은 먹잇감의 눈앞에 가방을 열어 보이면 각양각색의 고문도구가 자태를 드러내었는데, 한 칸을 차지하고 있는 것이 바로 모나미 153 볼펜이었다. 이근안 씨는 관절 뽑기, 날개 꺾기, 통닭구이, 물벼락 등 수많은 전략을 보유하고 있었지만 뭐니 뭐니 해도 가장 애용하는 것이 모나미 153 볼펜이었다. 볼펜심을 하나 꺼내 용의자의 요도에 삽입하기만 하면, 원하는 답이 무엇이든 들을 수가 있었던 것이다.

87년 6월 민주항쟁은 대통령 직선제를 실시하게 만들었고, 문민정부의 출범을 불러왔다. 세상이 바뀌자 이근안 씨는 고문 혐의로 현상수배범이 되었다. 한때는 불곰, 때로는 가명 김철수 등으로 불렸던 이근안 씨는 10년 동안 자신의 집에 얌전히 숨어 있다가 끝내 자수했다. 이 와중에, 역사에 기록되지 않은 사소한 부작용도 하나 있었다. 대중의 노여움을 잠재우기 위해, 문민정부는 경찰들이 모나미 153 볼펜을 소지하는 것을 한동안 금지시켰다.

이근안 씨는 훗날 목사로 변신해 예수님의 품으로 귀의했다. 그러나 예수님이 그를 진심으로 반겼을지는 미지수다. 생각해 보라. 예수님 자신이 얼마나 끔찍한 고문의 희생자였는지를.

이근안 씨는 신도들 앞에서 이렇게 말하곤 했다고 한다.

"그 학생 누구더라, 그래, 박종철이, 박종철이를 담당했던 유정방, 그리고 또 부산 학림 사건 때 송성부, 나 말고도 뭐 이런 사람들도 아주 열심히 일했어요. 하지만 걔들은 창의력이 부족해요. 그래서 나한테는 발꼬락 끝에도 못 미친단 말이지. 여러분, 탁 치니 억 하고 죽었다는 말 들어보셨죠? 사실 그건 아마추어들 얘기예요. 진짜 기술자는 딱 죽기 직전까지만 고문하는 거거든요. 그게 진짜 기술이라 이겁니다. 고문은 말이지요. 예술입니다."

네 번째 사례

[의심 1]
1986년 혹은 1987년 늦봄 무렵.
Y대학교 캠퍼스에 한 떼거리의 고양이가 출몰한다.
쥐를 전혀 잡아먹지 않는 정체불명의 고양이들.
고양이를 의심하기 시작한 학생 서너 명이 고양이의 배를 갈라보았다.
배 속에 든 것은 도청 테이프였다.
도청 테이프에는 아무 것도 기록되어 있지 않았고
냐옹- 냐옹-
하는 고양이의 슬픈 울음소리만 캠퍼스에 울려 퍼졌다.
그날부터 모두들 고양이를 피해 다니기 시작했다.

[의심 2]

청각이 예민한 사람들은 어디를 가든 조그만 고양이의 발자국이 구름에 숨어서 자신을 따라다니는 소리를 들을 수 있었다. 가슴이 불안으로 답답해질 때면 얼른 실내로 들어와 방문을 걸어 잠그고 윙윙거리는 잔향이 사라질 때까지 숨을 죽이곤 했다.

하지만 그러한 소리는 주위 곳곳에 잠재해 있었다. 이를테면 택시 안에, 강의실 교탁 밑에, 벽장 속에, 베갯잇 안쪽에, 책상 서랍 속에, 기타 등등.

이윽고 볼펜 같은 사물을 곁에 두기를 꺼리는 사람들이 생겨나기 시작했다. 모나미 153 볼펜이야말로 도청장치를 숨길 수 있는 최고의 공간으로 판명되었다. 그것은 어느 집, 어느 기관에나 한두 자루씩 있고, 늘 우리 주변에서 아무렇지 않게 굴러다니는 물건이면서, 우리가 밤마다 무슨 생각을 하는지, 전화 통화를 하면서 무엇을 받아쓰는지, 소설의 어느 구절에 밑줄을 긋는지, 누구의 이름을 그토록 잊지 못해 메모지에 수십 번 되풀이해 적고 있는지, 모든 것을 알려주는 스파이적 사물이 아닌가?

[의심 3]
1988년 8월 4일.
MBC 뉴스데스크 진행 도중 갑자기 나타난 한 남자.
앵커를 밀치고 TV 화면으로 불안한 얼굴을 들이밀었다.
"시청자 여러분! 내 귀에 도청장치가 있습니다!"

그는 경찰에 연행되었으나 곧 풀려났다.

① 처벌할 죄목이 없었기 때문에
② 정신병력이 인정되었기 때문에
③ 도청장치에 기록된 것이 아무 것도 없었기 때문에

[의심 4]
도청장치란, 보이지 않는 타인의 귀일 뿐만 아니라 소리 나지 않는 자신의 혀이기도 하다.

[의심 5]

정신의학의 역사에는 자신이 계란 프라이라는 망상에 사로잡힌 사람의 사례가 있다. 그가 왜 자신을 계란 프라이로 여기기 시작했는지 알려진 바는 없다. 다만 그는 자신이 계란 프라이임을 철두철미하게 믿어 의심치 않았으며, 덕분에 언제나 노심초사하며 살아왔다는 것이다.

'내 몸이 찢어지지는 않을까?'

'노른자가 흘러나와버리면 어떡하지?'

그는 자신의 노른자가 샐까봐 어떤 의자에도 마음 편히 앉을 수가 없었다. 의사는 그를 치료하기 위해 진정제를 처방하기도 하고 우리가 신의 형상으로 빚어진 유일한 존재인 인간이라는 간명한 진리를 수차례 교육하기도 했다. 그러나 아무런 소용이 없었다.

그의 공포와 불안을 가라앉힌 것은 토스트 한 조각이었다.

의사는 늘 토스트를 한 조각 싸가지고 다니면서, 앉고 싶은 의자 위에 토스트를 올려놓고 앉으면 노른자가 터지지 않고 안전할 수 있지 않겠느냐고 제안했다. 그 후로 그는 늘 토스트를 싸가지고 다니면서 행복하게 살아갈 수 있었다.

우리는 의사와 환자의 역할을 번갈아 하면서 의심으로부터 자기 자신을 적절히 구원해내야만 한다.

우리는 복숭아잼이다.
우리는 도살당하기 직전의 송아지다.
우리는 6.04캐럿의 블루 다이아몬드다.
우리는 아직 한 번도 타오른 적 없는 양초다.
우리는 반밖에 남지 않은, 혹은 반이나 남아 있는 술잔이다.
우리는 볼펜 끝에 묻은 볼펜똥이다.

에필로그

VII. 영원에 대하여

별들은 죽는다. 짐승들은 보지 못하리라.
우리는 역사와 더불어 홀로 남아 있다.

- W.H.오든 -

이 마지막 챕터에서는 '유희의 기술'에 관하여 얘기할 때보다 좀 더 진지한 태도로 어린이의 능력에 대해 언급할 필요가 있다.

여기서는 어린이의 범주를 조금 넉넉히 잡아도 좋다. 엄마가 반질반질 윤이 나게 걸레질해놓은 노란색 모놀륨 장판에다 막 처음으로 동그라미를 그려보는 세 살짜리에서부터, 인심을 좀 쓴다면 사법고시라는 이름의 실크로드를 5년째 걷고 있는 20대 후반의 청년까지. 그러나 대개는 하루 종일 연습장에 영단어와 미적분 공식을 베껴 쓰는 데 이력이 난 중고등학생들을 염두에 두고 이 챕터는 쓰여졌다. 어린이라는 이름은, 말하자면 그 불가해한 무한궤도 속에서 끝없이 재생산되는 감감한 순진성과 무모한 열정에 대하여 임의로 부여해둔 카테고리쯤으로 보아도 좋다.

연습장.

연습장을 떠올려 보자.
완전한 백색은 눈이 아프고, 가공 안 된 천연펄프를 너무 많이 쓴 것이나 희끄무레한 티끌이 여기저기 점처럼 돋아 있는 재생지는 표면이 매끄럽지 못해 불편하다. 적당히 요철이 있고 적당히 반들거리는 미색의 중성지면 더할 나위 없이 좋을 것이다.

연습장의 표면은 볼펜 구멍을 통해 흘러나온 끈적한 잉크가 그려놓은 흔적으로 지저분하다. 하지만 이상하게도 지저분해지면 지저분해질수록 순수한 無의 상태로 환원되는 것이 깜지의 법칙이다. 이 법칙에서 결정적인 역할을 하는 것은 아무래도 볼펜이다. 볼펜 그 자체라기보다, 잉크가 닳으면 무한 리필을 하게 되는 볼펜의 지속성이다.

추사 김정희는 자신의 글씨체를 완성하기까지 칠십 평생 벼루 열 개를 구멍 냈고, 붓 1천 자루를 몽당붓으로 만들었다고 한다. '미치광이 초서'로도 불린 당나라 회소는 몽당붓이 산더미를 이루면 무덤을 만들어주고 3일간 애도했다고 한다. 이 도저한 필기구에의 탐닉은 21세기의 젊은이들에게 고스란히 이어져 내려오고 있다.

수능을 앞둔 수험생이나 고시생들은 볼펜을 1백 자루씩 사다 놓고 공부하면서 몇 자루나 썼는지를 기록한다. 심이 다할 때까지 쓰고 나서 쓰레기통에 버릴 때의 그 희열은 겪어보지 않은 사람은 모르는 것이라고 한다. 집중력보다 호기심이 빨리 계발된 학생들의 경우에는 사용 중간중간 심이 얼마나 남았는지 뚜껑을 열어 확인해 보는 부가적인 재미를 누린다.

모나미 153 볼펜 한 자루에 평균적으로 소모되는 A4 용지는 15.6장이다. 한 자루의 잉크를 다 쓰는 데 드는 시간은 평균 4

시간 30분이다. 평소보다 힘을 줘 눌러쓰거나 볼펜똥을 많이 닦아가며 쓰면 볼펜 한 자루를 훨씬 금방 끝낼 수도 있다. 그런 점에서 연필은 결코 볼펜의 욕망을 따라잡을 수 없다. 금방 닳는다는 것은 금방 다음 것으로 연장된다는 뜻이며, 강력한 유한의 속성은 무한의 속성에도 닿아 있는 것이기 때문이다.

모나미 153 볼펜이 단종된 이후에도 우리는 많은 의미에서 모나미 153 볼펜의 시간 속에 머물러 있다. 모나미 153 볼펜은 출시 이후부터 최종 단종 때까지 약 33억 자루를 생산했다. 이를 늘어놓으면 지구 둘레 4만53km의 열두 바퀴를 돌 수 있다. 빛은 1초에 지구 일곱 바퀴 반을 돌 수 있다. 빛의 속도대로라면, 빛은 단 2초 동안에 모나미 153 볼펜 33억 자루의 모든 생애를 귀담아들을 수 있겠지만, 우리는 그럴 수가 없다. 인간의 속도는 아주 느려서, 볼펜 한 자루에 대해 말하기 위해서는 볼펜의 전 생애를 담은 책 한 권을 써야 할 정도다.

시간에 대해 내가 알고 있는 가장 놀라운 이야기는 이것이다. 우리는 보통 시간이 앞에서 뒤로 흐른다고 생각한다. 우리를 스쳐 지나간 시간은 과거가 되어 등 뒤로 넘어가고 우리는 우리의 앞에서부터 다가올 시간인 미래를 기다리는 것이다. 그것이 우리가 과거 현재 미래의 비가시적 프레임을 받아들이는 방식이다. 그래서 과거를 떠올리는 것은 지나온 길을 되돌아보는 미련으로 비유되고 다가올 미래는 우리 앞에 펼쳐진 새로운 세계로 여겨진다.

그런데 마다가스카르 원주민들은 시간이 뒤에서부터 오는 거라 여긴다고 한다. 시간은 등 뒤에서부터 와서 그들이 그 시간을 한 차례 겪고 나면 그들 앞으로 넘어와 눈에 보이는 것이 된다. 그렇기 때문에 그들은 자신이 겪은 과거를 세심히 관찰하고 '이제 아는 것'이 된 과거로부터 인생을 배운다. 아직 다가오지 않은 시간, 등 뒤에서 다가오고 있는 미래에 대해서는 고민하지 않는다. 그것은 아직 보이지 않는 것이기 때문이다.
내가 이야기를 좋아하는 것은 그런 연유에서다. 이야기는 계속해서 되풀이된다. 들을 때마다 새롭지만 늘 그것은 언젠가 들어보았던 이야기다.

한편, 나는 독자들이 이 모든 이야기를 곧이곧대로 받아들여 주리라 생각하지는 않는다. 깜지 위에 축조된 영원의 세계를 떠올려 본다면, 모나미 153 볼펜의 시간이 끝났다고 믿는 일은 누구에게라도 쉬운 일이 아니기 때문이다. 사실을 말하자면, 한 종족의 진정한 멸종은 표면에서가 아니라 내면에서 이루어지는 것이다. 우리가 함부로 침범하지 못하는 세계는 그 내면의 세계다.